Physica-Schriften zur Betriebswirtschaft

Herrn Professor Kruschwitz

mit den besten Grüßen

Zürich, im September 1997

Thomas Pfeiffer

Physica-Schriften zur Betriebswirtschaft

Herausgegeben von

K. Bohr, Regensburg · W. Bühler, Mannheim · W. Dinkelbach, Saarbrücken
G. Franke, Konstanz · P. Hammann, Bochum · K.-P. Kistner, Bielefeld
H. Laux, Frankfurt · O. Rosenberg, Paderborn · B. Rudolph, München

---

Informationen über die Bände 1–37 sendet Ihnen auf Anfrage gerne der Verlag.

Band 38
Erich Keller
Entscheidungswirkungen von Bankbilanzen am Aktienmarkt

Band 39
Klaus B. Schebesch
Innovation, Wettbewerb und neue Marktmodelle

Band 40
Thomas Hamann
Simulation von Informationsprozessen auf idealtypischen Börsenmärkten

Band 41
Günter Lassak
Bewertung festverzinslicher Wertpapiere am deutschen Rentenmarkt

Band 42
Erwin Esser
Angebotspreisbestimmung für das kundenindividuelle Projektgeschäft

Band 43
Renate Hecker
Informationsgehalt von Optionspreisen

Band 44
Thomas Spengler
Lineare Entscheidungsmodelle zur Organisations- und Personalplanung

Band 45
Christoph Kaserer
Optionsmärkte und Risikoallokation

Band 46
Bernd Hempelmann
Qualitäts- und Kommunikationspolitik angesichts von Produktrisiken

Band 47
Stephan Schumacher
PPS-Systeme für Unternehmen der Klein- und Mittelserienfertigung

Band 48
Andreas Bölte
Modelle und Verfahren zur innerbetrieblichen Standortplanung

Band 49
Andrea Piro
Betriebswirtschaftliche Umweltkostenrechnung

Band 50
Hermann Jahnke
Produktion bei Unsicherheit

Band 51
Bernd Schäfer
Informationsverarbeitung und Preisbildung am Aktien- und Optionsmarkt

Band 52
Wolfgang Brüggemann
Ausgewählte Probleme der Produktionsplanung

Band 53
Andreas Kleine
Entscheidungstheoretische Aspekte der Principal-Agent-Theorie

Band 54
Alexander Kempf
Zum Preiszusammenhang zwischen Kassa- und Futuresmärkten

Band 55
Jürgen Elsner
Chaos und Zufall am deutschen Aktienmarkt

Band 56
Markus Riess
Effizienzkonzepte und nutzentheoretische Ansätze zur Lösung stochastischer Entscheidungsmodelle

Band 57
Anne Chwolka
Controlling als ökonomische Institution

Band 58
Gerd Lockert
Risikofaktoren und Preisbildung am deutschen Aktienmarkt

Band 59
Hagen Lindstädt
Optimierung der Qualität von Gruppenentscheidungen

Thomas Pfeiffer

Innerbetriebliche Verrechnungspreisbildung bei dezentralen Entscheidungsstrukturen

Eine quantitative Analyse unter Berücksichtigung der Aspekte Zeit und asymmetrischer Information

Mit 14 Abbildungen

Physica-Verlag
Ein Unternehmen
des Springer-Verlags

Dr. Thomas Pfeiffer
Abteilung Betriebswirtschaft
Universität Ulm
Helmholtzstraße 18
D-89081 Ulm

Die Deutsche Bibliothek – CIP-Einheitsaufnahme
Pfeiffer, Thomas: Innerbetriebliche Verrechnungspreisbildung bei dezentralen Entscheidungsstrukturen: eine quantitative Analyse unter Berücksichtigung der Aspekte Zeit und asymmetrischer Information/Thomas Pfeiffer. – Heidelberg: Physica-Verl., 1997
(Physica-Schriften zur Betriebswirtschaft; Bd. 60)

ISBN 978-3-7908-1009-7 ISBN 978-3-662-00802-7 (eBook)
DOI 10.1007/978-3-662-00802-7

Umschlaggestaltung: Erich Kirchner, Heidelberg

SPIN 10572423 88/2202-5 4 3 2 1 0 – Gedruckt auf säurefreiem Papier

Geleitwort

Bei der innerbetrieblichen Leistungsverrechnung werden Verrechnungspreise für innerbetriebliche Leistungen ermittelt. Die hierbei verwendeteten Verfahren wie das Gleichungs- oder Stufenleiterverfahren sind statisch und berücksichtigen weder Aspekte der asymmetrischen Information noch Anpassungsmaßnahmen der Kostenstellen. In dem Buch von Herrn Pfeiffer werden diese gerade aus praktischer Sicht unbefriedigenden Annahmen aufgehoben und gezeigt, wie die herkömmlichen Verfahren der innerbetrieblichen Leistungsverrechnung dann zu modifizieren sind. Darüber hinaus zeigt Herr Pfeiffer, daß die dabei sich ergebenden Verrechnungspreise mit den Lenkungspreisen der Kostenstellen übereinstimmen, die eine erfolgsmaximale Produktionsplanung ermöglichen.

Das Buch macht deutlich, daß auch traditionelle Verfahren der Kostenrechnung noch nicht „ausgereizt" sind, sondern eine Vielzahl bisher nicht behandelter theoretisch und praktisch bedeutsamer Fragestellungen beinhalten. Herr Pfeiffer zeigt Wege auf, wie derartige Fragestellungen gelöst werden können und gibt Anstöße für weitere Forschungsarbeiten.

Klaus Hellwig

Vorwort

Die vorliegende an der Abteilung für Betriebswirtschaft entstandene Arbeit wurde von der Fakultät für Mathematik und Wirtschaftswissenschaften der Universität Ulm als Dissertation angenommen. Mein besonderer Dank gilt dabei meinem akademischen Lehrer Herrn Prof. Dr. K. Hellwig. Nicht nur für die Bereitstellung optimaler Arbeitsbedingungen und die Anregung zu dieser Arbeit, sondern vor allem für die jederzeit umfassende Unterstützung bin ich ihm sehr zu Dank verpflichtet. Herrn Prof. Dr. U. Rieder und Herrn Prof. Dr. K.-P. Kistner (Universität Bielefeld) möchte ich für Anregungen sowie für die Übernahme der Gutachten danken. Herrn Prof. Dr. K.-P. Kistner bin ich zudem für die Aufnahme der Arbeit in der vorliegenden Schriftenreihe zu Dank verpflichtet.

Der Landesgraduiertenförderung danke ich für die Unterstützung durch ein Promotionsstipendium während der Hauptphase der vorliegenden Arbeit. Hierbei richtet sich mein besonderer Dank an Herrn Prof. Dr. H. Wolff für das Erstellen des hierfür benötigten Gutachtens.

Für die angenehme Arbeitsatmosphäre danke ich allen Kollegen an der Abteilung Betriebswirtschaft sowie an der sie umfassenden Fakultät für Mathematik und Wirtschaftswissenschaften recht herzlich. Herrn Dr. G. Speckbacher und Herrn Dr. T. Wiesemann danke ich für all die Diskussionen zum Thema der Arbeit und darüber hinaus.

Thomas Pfeiffer

Inhaltsverzeichnis

Notation

Es wird im weiteren folgende Notation verwendet: Ein hochgestellter Index bei Variablen gibt den Zeitpunkt an, während ein nach unten gestellter Index die entsprechende Stelle angibt. Beispielsweise bezeichnet c_i^t eine Variable der i-ten Stelle zum Zeitpunkt t. Bei einperiodigen Betrachtungen wird auf den Zeitindex verzichtet. Weiter werden die Variablen wie folgt zusammengefaßt

$$\begin{aligned} c_i &:= (c_i^1, \ldots, c_i^T) \\ c^t &:= (c_1^t, \ldots, c_n^t) \\ c &:= (c_1, \ldots, c_n). \end{aligned}$$

Analog werden Mengen zusammengefaßt

$$\begin{aligned} M_i &:= M_i^1 \times \cdots \times M_i^T \\ M^t &:= M_1^t \times \cdots \times M_n^t \\ M &:= M_1 \times \cdots \times M_n. \end{aligned}$$

Weiter gelten folgende Abkürzungen

$$\begin{aligned} \bar{a}_i \in arg \max V_i(\cdot) &:= \bar{a}_i \in arg \max_{a_i \in A_i} V_i(a_i, r_i, s_i, x_i) \\ \bar{a} \in arg \max V(\cdot) &:= \bar{a} \in \Big(arg \max V_1(\cdot) \times \cdots \times arg \max V_m(\cdot) \Big). \end{aligned}$$

Abschließend bezeichnet 2^M die Menge aller Teilmengen der Menge $M \subset \mathbb{R}^n$ und $\mathbb{R}_+^n$ die Menge aller nichtnegativen Vektoren im $\mathbb{R}^n$.

Einleitung

Problemstellung: Verrechnungspreisbildung dezentraler Entscheidungsstrukturen

Die vorliegende Arbeit stammt aus einem Bereich der Wirtschaftswissenschaften, der als *ökonomische Organisationstheorie* bezeichnet wird. Organisationen sind Gebilde, die durch ein grundlegendes Dilemma gekennzeichnet sind: Auf der einen Seite entsteht durch das Vorherrschen der Arbeitsteilung die Tendenz zur Bildung autonomer organisatorischer Teilbereiche, auf der anderen Seite treten zwischen den einzelnen Teilbereichen in der Regel Interdependenzen auf, wodurch eine *Koordination* von Teilbereichsentscheidungen im Sinne des Gesamtunternehmens notwendig wird. Die Koordination interdependenter Teilbereichsentscheidungen stellt einen zentralen Untersuchungsgegenstand innerhalb der ökonomischen Organisationstheorie dar.

Ein klassisches Instrument von großer theoretischer und praktischer Bedeutung zur Lösung der Koordinationsproblematik stellen *Verrechnungspreise* dar, die häufig auch als *Lenkpreise*, *optimale Betriebswerte* bzw. *optimale pretiale Geltungszahlen* bezeichnet werden. Mit dem auf *Schmalenbach* [1908/1909] zurückgehenden Konzept der Verrechnungspreise sollen dezentrale Entscheidungen durch eine Übertragung des *marktwirtschaftlichen Lenkungsmechanismus* auf das Unternehmen miteinander koordiniert werden. Verrechnungspreise stellen (innerbetrieblich geltende) Wertansätze dar, die so festgelegt werden, daß auf ihrer Grundlage dezentral getroffene Entscheidungen - unter Berücksichtigung der für die jeweiligen Teilbereiche geltenden

Zielvorstellungen - die Erreichung eines übergeordneten Unternehmensziels gewährleisten.

Bei den für die weiteren Untersuchungen betrachteten quantitativen Modellen zur *Verrechnungspreisbildung* wird eine zentrale Planung durch ein geeignet gewähltes *Gesamtplanungsproblem*, bei dem Interdependenzen simultan berücksichtigt werden, in der Modellebene dargestellt. Demgegenüber werden dezentrale Entscheidungen durch entsprechende *Teilplanungsprobleme*, die Interdependenzen mit anderen Teilbereichen ganz oder teilweise ignorieren, formal beschrieben und entsprechend mit Verrechnungspreisen koordiniert. Basierend auf diesem Vorgehen wird versucht, Aussagen hinsichtlich der Struktur, Existenz und Berechnung von Verrechnungspreisen herzuleiten.

Zielsetzung der Arbeit

In der Literatur findet sich eine Fülle von mathematischen Modellen zur Untersuchung der Verrechnungspreisproblematik, die sich hinsichtlich der gesetzten Annahmen zum Teil erheblich voneinander unterscheiden. Als Ergebnis der meisten Untersuchungen kann festgehalten werden, daß die Ermittlung geeigneter Verrechnungspreise gleichbedeutend mit dem Lösen des Gesamtplanungsproblems ist. Geeignete Verrechnungspreise liegen erst vor, wenn sie nicht mehr benötigt werden, weil das Entscheidungsproblem schon zentral gelöst worden ist. Man spricht vom *Dilemma der pretialen Lenkung.*

Es gibt Fälle, in denen dieses unüberwindbare Dilemma bekanntermaßen nicht auftritt, so etwa bei konstanten Grenzkosten und unbegrenzten Beschaffungsmöglichkeiten. Der optimale Verrechnungspreis ist in diesem Fall - unabhängig von der Lösung des Gesamtplanungsproblems - gleich den Grenzkosten. Aufbauend auf dieser Erkenntnis ermöglicht ein Verrechnungspreismodell von *Hellwig* [1987, S. 110 ff.] zur dezentralen Produktions- und Absatzplanung die Bestimmung geeigneter Verrechnungspreise mit dem aus der *innerbetrieblichen Leistungsverrechnung* bekannten *Gleichungsverfahren.* In einer weiterführenden Arbeit wurde von *Hellwig* [1989] dieser „Lenkpreiszugang" zum Gleichungsverfahren um die Möglichkeit *intensitätsmäßiger Anpassungsmaßnahmen* erweitert. Die beiden Arbeiten zeigen eine interessante Verbindung zwischen theoretischer Verrechnungspreisbildung und den praxisnahen Verfahren der innerbetrieblichen Leistungsverrechnung auf.

Eine zusätzliche Dimension erhält diese Verbindung bei Berücksichtigung der Aspekte „*Zeit*" und „*asymmetrische Information*," die den Untersuchungsgegenstand der vorliegenden Arbeit bilden.

Der Aspekt „Zeit" als wichtige Determinante der Produktion soll durch die zusätzliche Möglichkeit der *Lagerhaltung* in das Lenkpreismodell von *Hellwig* [1989] zur Produktions- und Absatzplanung integriert werden. Das Untersuchungsziel stellt eine Dynamisierung des „Lenkpreiszugangs" zu einem „dynamischen Gleichungsverfahren" dar.

Neue Erkenntnisse innerhalb der Lenkpreisliteratur ergeben sich bei Einbeziehung einer asymmetrischen Informationsverteilung zwischen Unternehmens- und Bereichsleitung. In der vorliegenden Arbeit soll dieser Aspekt in das Verrechnungspreismodell von *Hellwig* [1989] integriert und ein „Lenkpreiszugang" zum Gleichungsverfahren im Hinblick auf *Risikoallokation* und *Anreizproblematik* in verschiedenen Referenzsituationen untersucht werden.

Aufbau der Arbeit

Zur Untersuchung der formulierten Zielsetzung erfolgt in *Kapitel 1* der vorliegenden Arbeit eine kurze Einbettung der Problemstellung in die bestehende Literatur: Nach einer Darstellung der aufgrund von Interdependenzen zwischen organisatorischen Teilbereichen bestehenden Problematik der Koordination von Teilbereichsentscheidungen wird das auf *Eugen Schmalenbach* [1908/1909] zurückgehende Konzept der Verrechnungspreise als ein Weg zur Lösung vorgestellt. Zur Einordnung der sehr vielfältigen mathematischen Modelle zur Verrechnungspreisbildung wird eine Klassifikation für die Lenkpreismodelle sowie ein kurzer Überblick über die wichtigsten Ansätze und

Konzeptionen zur Verrechnungspreisbildung gegeben. Dies ermöglicht abschließend eine einführende Darstellung des zu untersuchenden Problemkreises „Lenkpreisbildung und innerbetriebliche Leistungsverrechnung".

Kapitel 2 erfüllt zwei Aufgaben: Zum einen stellt es das *Grundmodell* von *Hellwig* [1989] zur kurzfristigen Produktions- und Absatzplanung vor, und zum anderen werden die für weitere Untersuchungen benötigten Grundkonzepte und Methoden der dualen Dekomposition dargestellt, welche die Basis für die meisten klassischen Lenkpreismodelle bilden.

Vor dem Hintergrund des formulierten Grundmodells können in *Kapitel 3* Untersuchungen unter Berücksichtigung des Zeitaspektes geführt werden. Dieser wird durch die zusätzliche Möglichkeit der Lagerhaltung in das Grundmodell integriert. Versucht man durch Einführung entsprechender Zustandsvariablen für die Lagerhaltung diese Erweiterung auf den statischen Fall zurückzuführen, so führt solch ein Vorgehen zu unzulässigen Lösungen. Zur Umgehung dieser Problematik werden (Kosten-)Stellen - Produktions- bzw. Beschaffungsstellen mit den entsprechenden Lagerhaltungsstellen - zusammengefaßt. Dies ermöglicht eine Charakterisierung optimaler Verrechnungspreise durch ein „dynamisches Gleichungsverfahren". Die weiteren Abschnitte beschäftigen sich mit Untersuchungen hinsichtlich der Existenz und Berechnung von Verrechnungspreisen bei verschiedenen Produktionsstrukturen.

In *Kapitel 4* wird das Grundmodell unter dem Aspekt, daß einzelne Bereiche Informationsasymmetrien zu ihrem Vorteil auszunützen versuchen, untersucht. Die Unternehmensleitung will dem durch eine entsprechende Vertragsgestaltung entgegenwirken. Zur Analyse dieses Problemkreises erfolgt zunächst eine Darstellung grundlegender Ergebnisse zu Fragen der Vertragsgestaltung zwischen Individuen im Rahmen des Standardmodells der Prinzipal-Agenten-Theorie. Aufbauend auf diese Erkenntnisse kann durch eine Integration von Elementen eines speziellen Prinzipal-Agenten-Modells - des LEN-Modells von *Spremann* [1987, 1988] - in das Grundmodell von *Hellwig* [1989] ein Lenkpreismodell zur Analyse der Untersuchungszielsetzung formuliert werden. Dies ermöglicht einen „Lenkpreiszugang" zum Gleichungsverfahren, der im Hinblick auf *Risikoallokation* und *Anreizproblematik* in verschiedenen Referenzsituationen untersucht wird. Darauf aufbauend erlaubt dies die Formulierung von Ergebnissen zur Vertragsgestaltung, die den grundlegenden Erkenntnissen des Standard- bzw. LEN-Modells entsprechen.

Die Arbeit schließt mit einer Zusammenfassung der wichtigsten Ergebnisse und einem Ausblick auf Erweiterungsmöglichkeiten in *Kapitel 5* ab.

Zur besseren Lesbarkeit wurden einige Beweise innerhalb der einzelnen Kapitel verbal beschrieben bzw. nur skizzenhaft dargestellt. Im *Anhang* finden sich die entsprechenden Beweispassagen mathematisch formuliert wieder.

Kapitel 1

Koordination dezentraler Entscheidungsstrukturen

1.1 Die Koordinationsproblematik

Die *Koordination* von Entscheidungen in organisatorischen Teilbereichen ist ein Untersuchungsgegenstand der Organisationstheorie. Die Koordinationsaufgabe besteht darin, Bereichsentscheidungen so zu lenken, daß dezentrale Entscheidungen zu den aus Sicht des Gesamtunternehmens günstigsten Entscheidungen führen. Die Notwendigkeit einer Koordination ergibt sich aus Interdependenzen von Entscheidungen in den einzelnen Teilbereichen eines Unternehmens. Dabei können *Entscheidungsinterdependenzen* nach *Frese/Glaser* [1980, S. 109 f.] auf zwei Ursachen zurückgeführt werden:

1. Auf sequentielle Verknüpfungen der von den betrachteten Bereichen festzulegenden Realisationsprozesse.

2. Auf Überschneidungen der für diese Bereiche relevanten Entscheidungsfelder.

Sequentielle Verknüpfungen von Prozessen äußern sich als *innerbetriebliche Leistungsverflechtungen* zwischen den verschiedenen organisatorischen Einheiten. Solche Interdependenzen entstehen beispielsweise bei Lieferbeziehungen zwischen einzelnen Bereichen.

Überschneidungen von Entscheidungsfeldern liegen vor, wenn Teile eines Entscheidungsfelds einer organisatorischen Einheit zugleich Bestandteil des Entscheidungsfelds einer anderen Einheit sind. Überschneidungen können hinsichtlich der Entscheidungsfelder „Ressourcen" und „Markt" auftreten. Dementsprechend wird zwischen *Ressourceninterdependenzen* und *Marktinterdependenzen* unterschieden. Ein Beispiel für eine Ressourceninterdependenz ist die gemeinsame Nutzung einer Produktionsanlage mit knapper Kapazität von mehreren Unternehmensbereichen. Die genutzten Ressourcen können aber auch Kapital für Investitionen, eingesetzte Rohstoffe etc. sein. Marktinterdependenzen treten beispielsweise dann auf, wenn mehrere Unternehmensbereiche mit ihrem Leistungsangebot um dieselbe Käuferschicht konkurrieren.

1.2 Das Konzept der Verrechnungspreise

Ein klassisches Instrument zur Koordination dezentraler Entscheidungen stellen *Verrechnungspreise* dar. Hinter dieser Konzeption verbirgt sich der Gedanke, einen Marktmechanismus innerhalb des Unternehmens zu generieren und dezentrale Entscheidungen durch Preise entsprechend zu koordinieren. Verrechnungspreise stellen daher Wertansätze für innerbetriebliche Zwischenprodukte bei innerbetrieblichen Leistungsverflechtungen, für Ressourcen bei Ressourceninterdependenzen und für Marktpotentiale bei Marktinterdependenzen dar. Diese werden im Rahmen der *Kosten- und Leistungsrechnung* ermittelt. Mit ihrer Hilfe sollen einzelne Aktivitäten von Organisationseinheiten auf ein übergeordnetes Ziel ausgerichtet werden. Zur Erfüllung der gewünschten Koordinationsfunktion sind die Verrechnungspreise so anzusetzen, daß auf deren Grundlage dezentral getroffene Entscheidungen - unter Berücksichtigung der für diese Einheiten gegebenen Zielsetzungen - die Erreichung des Gesamtunternehmensziels gewährleisten.

Die Konzeption der Verrechnungspreise geht auf *Eugen Schmalenbach* zurück, der im Jahr 1903 mit einer Arbeit über „Die Verrechnungspreise in großindustriellen Betrieben" habilitierte.[1] Da diese Arbeit *Schmalenbachs* unveröffentlicht ist, wird üblicherweise von der ersten Veröffentlichung *Schmalenbachs* [1908/1909] ausgegangen. Unter dem „richtigen" Verrechnungspreis versteht er „eine Geltungszahl der Güter, die so festgestellt ist, daß ihre Benutzung beim Austausch von Gütern (zwischen den organisatorischen Teilbereichen, Anm. d. Verf.) ein Optimum des Tausches herbeiführen" (*Schmalenbach* [1948, S. 148]). Er stellt dazu folgende Regel auf: Der richtige Verrechnungspreis ist, wenn kein Engpaß vorliegt, in Höhe der Grenzkosten anzusetzen, bei Vorliegen von Engpässen in Höhe des Grenznutzens. Die Frage der Grenznutzenbestimmung beantwortet *Schmalenbach* für den Fall eines knappen Faktors. Allerdings war für ihn mit dem zu seiner Zeit verfügbaren mathematischen Instrumentarium eine Bestimmung geeigneter Verrechnungspreise bei mehreren Engpässen nicht möglich (vgl. hierzu etwa *Albach* [1974, S. 220]). Erst die Entwicklung des Operations Research und des damit verbundenen Dualitätskonzepts ermöglichte solch eine Bestimmung.[2]

1.3 Klassifikation und Darstellung von Lenkpreismodellen

In der Literatur findet sich eine Vielzahl verschiedener mathematischer Verrechnungspreismodelle, die sich hinsichtlich ihrer zugrundeliegenden Annahmen erheblich voneinander unterscheiden. In der folgenden Übersicht sind die wichtigsten Merkmale zusammengestellt, die eine Klassifikation verschiedener Modelle nach *Frese/Glaser* [1980] erlauben.

[1]Vgl. hierzu etwa *Albach* [1974, S. 216 ff.], *Grochla* [1973, S. 555 ff.] etc.

[2]Eine der ersten Arbeiten zur Bestimmung von Verrechnungspreisen mit Hilfe der dualen Optimierung stellt die Arbeit von *Buhr* [1967] dar.

1. Zielsetzung
   1.1 Kurzfristige Zielsetzung
   1.2 Langfristige Zielsetzung
2. Kostenfunktion
   2.1 Linearer Kostenverlauf
   2.2 Nicht-linearer Kostenverlauf
3. Erlösfunktion
   3.1 Linearer Erlösverlauf
   3.2 Nicht-linearer Erlösverlauf
4. Interdependenzformen
   4.1 Interdependenzen aufgrund innerbetrieblicher Leistungsverflechtungen
   4.2 Ressourceninterdependenzen
   4.3 Marktinterdependenzen
5. Restriktionen im Entscheidungsfeld
   5.1 Kein Engpaß
   5.2 Ein Engpaß
   5.3 Mehrere Engpässe
6. Marktsituation (bei Vorliegen von Merkmal 4.1)
   6.1 Kein externer Markt für Zwischenprodukte
   6.2 Existenz eines vollkommenen externen Marktes
   6.3 Existenz eines unvollkommenen externen Marktes

Abb. 1: Merkmale zur Klassifikation von Lenkpreismodellen nach *Frese/Glaser* [1980, S. 114]

7. Modalitäten der Arbeitsteilung
   - 7.1 Zentrale legt Höhe des Lenkpreises fest
   - 7.2 Zentrale legt Lenkpreisfunktion fest
   - 7.3 Zentrale legt Lenkpreis unter Rückgriff auf die Informationsverarbeitungskapazität der zu koordinierenden Einheiten fest

Abb. 1: **Fortsetzung**

Ausgangspunkt des folgenden kurzen historischen Abrisses mathematischer Verrechnungspreismodellierungen bildet der Modellansatz von *Hirshleifer* [1956, 1957, 1964]. Die Arbeiten *Hirshleifers* gehen von einem zweiteiligen Produktionsprozeß aus, bei dem aufgrund innerbetrieblicher Leistungsverflechtungen (Merkmal 4.1) zwischen den Bereichen Entscheidungsinterdependenzen bestehen: Im Produktionsbereich A wird ein Zwischenprodukt hergestellt, das im Bereich B weiterverarbeitet und veräußert wird. Auf beiden Stufen des Produktionsprozesses bestehen *keine Produktionsengpässe* (5.1). Weiter wird von einer kurzfristigen Zielsetzung (1.1) ausgegangen, wobei der Verlauf der Kosten- und Erlösverläufe nicht-linear (2.2/3.2) ist. *Hirshleifer* gelang es dabei, auf graphische Art und Weise mittels Verfahren der Infinitesimalrechnung einen von der Unternehmensleitung (7.1) festzulegenden Verrechnungspreis für das Zwischenprodukt im Bereich A zu ermitteln.[3] Die Arbeiten *Hirshleifers* bilden heute noch vielfach die Grundlage für Verrechnungspreismodellierungen, bei denen keine mengenmäßigen Beschränkungen vorliegen.

Erst mit der Entwicklung des Dualitätskonzepts des Operations Research konnten Verrechnungspreise bei Vorliegen *mehrerer Produktionsengpässe* (Merkmal 5.3) über das zum Ausgangsproblem duale Problem bestimmt werden. Allerdings werden bei der Ermittlung der Verrechnungspreise die optimalen Teilbereichsentscheidungen mitbestimmt, wodurch eine Steuerung

[3] Vgl. zur Klassifikation des *Hirshleifer*-Ansatzes etwa *Frese/Glaser* [1980, S. 115]. Darstellungen bzw. weiterführende Arbeiten des Ansatzes finden sich in *Gould* [1964], *Solomons* [1965], *Ronen/Mc Kinney* [1970], *Enzer* [1975], *Bonin* [1978], *Jennergren* [1982], *Frese* [1988, S. 285 ff.], *Laux/Liermann* [1990, S. 395 ff.].

dezentraler Entscheidungen mit Hilfe von Verrechnungspreisen überflüssig erscheint. Man spricht vom *Dilemma der pretialen Lenkung.* Ein Ausweg aus diesem Dilemma auf der Grundlage der linearen Optimierung (2.1/3.1) bei Ressourceninterdependenzen (4.2) stellt die Arbeit von *Baumol/Fabian* [1964] dar. In dieser werden Verrechnungspreise iterativ mit Hilfe eines Preisanpassungsprozesses zwischen Unternehmensleitung und Bereichsleitungen (7.3) ermittelt. Der Preisanpassungsprozeß basiert dabei auf dem Dekompositionsverfahren von *Dantzig/Wolfe* [1960, 1961].

Weitere Ergebnisse zur Verrechnungspreisbildung für lineare und nicht-lineare Kosten- und Erlösfunktionen (Merkmale 2.1/2.2/3.1/3.2) konnten mit dem Konzept der dualen Dekomposition gewonnen werden,[4] zu denen auch das Dekompositionsverfahren von *Dantzig/Wolfe* [1960, 1961] zu rechnen ist. Dekompositionsverfahren[5] stellen ein Lösungsprinzip dar, bei dem i. allg. der Ausgangsaufgabe eine Reihe kleinerer Optimierungsaufgaben zugeordnet wird, die miteinander koordiniert werden. Speziell bei der dualen Dekomposition erfolgt eine Koordination über eine Steuerung der Zielfunktion mit Hilfe von Dualvariablen. Übertragen auf die Lenkpreisproblematik wird in der Modellebene eine zentrale Planung durch die Ausgangsaufgabe und eine dezentrale Planung durch die Ersatzaufgaben beschrieben. Diese werden durch (Dual-)Variable miteinander koordiniert, welche die Funktion von Lenkpreisen haben. Mit dieser Vorgehensweise können Sätze der linearen bzw. nicht-linearen Optimierung auf die Verrechnungspreisproblematik angewendet werden. An dieser Stelle seien speziell die *Preistheoreme* von *Koopmans* [1951] herausgestellt, die Existenzaussagen betreffend der Verrechnungspreisbildung liefern.[6]

---

[4]Vgl. hierzu etwa die Arbeiten von *Hax* [1965], *Hass* [1968], *Jennergren* [1971, 1972, 1973], *Coenenberg* [1973],*Drumm* [1973], *Grochla* [1973], *Abdel-Khalik/Lusk* [1974], *Albach* [1974], *Welge* [1975], *Fieten* [1977], *Trautmann* [1981].

[5]Vgl. zur (dualen) Dekomposition etwa *Geoffrin* [1970a, 1970 b], *Lasdon* [1970, 1973], *Göpfert et al.* [1986].

[6]Eine Darstellung der dualen Dekomposition erfolgt in den Abschnitten 2.4 und 2.7.

1.4 Lenkpreisbildung und innerbetriebliche Leistungsverrechnung

Die *innerbetriebliche Leistungsverrechnung* läßt sich etwa nach *Schierenbeck* [1981, S. 1148] im wesentlichen dahingehend charakterisieren, daß sie die Kosten innerbetrieblicher Leistungen erfaßt und denjenigen Kostenstellen zurechnet, die diese Leistungen in Anspruch genommen haben. Erforderlich ist solch eine Verrechnung immer dann, wenn zwischen Kostenstellen *Leistungsverflechtungen* bestehen. Dabei basiert eine Verrechnung innerbetrieblicher Leistungen auf folgender Vorgehensweise: In den Empfängerkostenstellen wird der Verbrauch innerbetrieblicher Leistungen so behandelt, als wäre dieser von anderen Betrieben gegen Entgelt bezogen worden. Üblicherweise erfolgt solch eine Verrechnung mit dem *Gleichungs-* oder *Stufenleiterverfahren.*

Mit der innerbetrieblichen Leistungsverrechnung verfolgt die Kosten- und Leistungsrechnung hauptsächlich folgende Zwecke:[7]

- Ermittlung der richtigen Stellenkosten zur Wirtschaftlichkeitskontrolle
- Ermittlung der richtigen Gemeinkosten-Verrechnungssätze in den Kostenstellen
- Lenkung des Verbrauchs innerbetrieblicher Leistungen durch die Kostenstellen

Die innerbetriebliche Leistungsverrechnung weist unter anderem eine *Lenkungsfunktion* auf. Daher stellt sich die Frage, ob durch das Gleichungs- bzw. Stufenleiterverfahren bestimmte Verrechnungssätze als Lenkpreise zur Koordination interdependenter Entscheidungen verwendet werden können. Diese Frage muß im allgemeinen mit „Nein“ beantwortet werden.[8]

---

[7]Vgl. etwa *Schierenbeck* [1981, 1993] oder in Lehrbuchform *Wenz* [1992, S. 248].

[8]Die Dualvariablen der meisten Lenkpreismodelle, die die Funktion von Verrechnungspreisen haben, weisen eine andere Struktur auf.

Allerdings ermöglicht ein von *Hellwig* [1987, S. 110 ff.] formuliertes Modell zur Verrechnungspreisbildung[9] die Bestimmung geeigneter Verrechnungspreise mit dem Gleichungsverfahren, was eine interessante Verbindung zwischen theoretischer Lenkpreisbildung und den praxisnahen Verfahren der innerbetrieblichen Leistungsverrechnung schafft. In einer weiterführenden Arbeit wurde von *Hellwig* [1989] diese Verbindung zwischen Lenkpreisbildung und innerbetrieblicher Leistungsverrechnung um den Aspekt intensitätsmäßiger Anpassungsmaßnahmen erweitert. Diese Arbeit stellt den Ausgangspunkt für die weiteren Untersuchungen dar und wird im folgenden Kapitel dargestellt.

[9] Dabei handelt es sich um ein Lenkpreismodell mit den Merkmalen (1.1/2.1/3.1/4.1/5.1/6.1/7.1).

Kapitel 2

Das Grundmodell

2.1 Problemstellung und Vorgehensweise

In diesem Kapitel erfolgt eine Darstellung des für die weiteren Untersuchungen benötigten Grundmodells von *Hellwig* [1989] zur kurzfristigen dezentralen Produktions- und Absatzprogrammplanung unter Berücksichtigung intensitätsmäßiger Anpassungsmaßnahmen. Konnten bei *Hellwig* [1987, S. 110 ff.] geeignete Verrechnungspreise mit dem Gleichungsverfahren bestimmt werden, so müssen im Grundmodell intensitätsmäßige Anpassungsmaßnahmen bei der Verrechnungspreisbildung mitberücksichtigt werden. Dies führt zu einer Charakterisierung der Verrechnungspreise, die als Erweiterung des Gleichungsverfahrens bei Einbeziehung intensitätsmäßiger Anpassungsmaßnahmen betrachtet werden kann.

Das Grundmodell von *Hellwig* [1989] kann innerhalb der Klassifikation von *Frese/Glaser* [1980] wie folgt eingeordnet werden:

- kurzfristige Zielsetzung (1.1)
- Kostenverläufe linear (2.1)
- Erlösverläufe nicht-linear (3.2)
- Interdependenzen aufgrund innerbetrieblicher Leistungsverflechtungen (4.1)
- keine Engpässe (5.1)
- kein externer Markt (6.1)
- Modalitäten der Arbeitsteilung
  - Zentrale legt Höhe der Lenkpreise fest (7.1)
  - Zentrale legt Lenkpreise unter Rückgriff auf die Informationskapazität der zu koordinierenden Einheiten fest (7.3)

Abb. 2: Einordnung des Grundmodells von *Hellwig* [1989] innerhalb der Klassifikation von *Frese/Glaser* [1980]

Vorgehensweise Die Darstellung des Grundmodells beginnt mit der Modellierung einer zentralen Produktions- und Absatzplanung auf der Basis eines integrierten Gesamtplanungsproblems für das Gesamtunternehmen (Abschnitt 2.2). Demgegenüber wird in Abschnitt 2.3 eine dezentrale Planung mit Hilfe geeignet gewählter Teilplanungsprobleme vorgestellt, die entsprechend dem Lenkpreiskonzept miteinander koordiniert werden. Dazu erfolgt in Abschnitt 2.4 eine Darstellung eines entsprechenden Koordinationsmechanismus, basierend auf dem für weitere Untersuchungen benötigten Konzepts der dualen Dekomposition, das die Grundlage für eine Vielzahl der klassischen Lenkpreismodelle bildet. Anschließend erfolgt in Abschnitt 2.5 eine Charakterisierung von Verrechnungspreisen, die als Erweiterung des Gleichungsverfahrens aus der innerbetrieblichen Leistungsverrechnung interpretiert werden kann. Die übrigen Abschnitte widmen sich Fragen hinsichtlich der Existenz (Abschnitt 2.6), Berechnung und Abschätzung (Abschnitt 2.7) von Verrechnungspreisen.

2.2 Zentrale Produktions- und Absatzplanung

Basiert die Ermittlung eines Produktions- und Absatzprogrammes auf einer zentralen Planung durch die Unternehmensleitung, so geschieht dies in der Modellebene über die Formulierung eines integrierten Gesamtplanungsproblems (bzw. Totalmodells), das im folgenden dargestellt wird. Die Ermittlung eines optimalen Produktions- und Absatzprogrammes erfolgt durch eine Maximierung des Gesamterfolgs (als Differenz von bewertetem Input und Output) unter Berücksichtigung der innerhalb des Gesamtunternehmens vorherrschenden Produktionsprozesse.

Die zugrundeliegenden Produktionsprozesse Ausgangspunkt der Modellierung stellen die dem Gesamtunternehmen zugrundeliegenden Produktionsprozesse. Dabei wird ein Unternehmen zugrundegelegt, dessen Leistungen in mehrstufigen Prozesssen erstellt werden, wobei die Möglichkeit intensitätsmäßiger Anpassungsmaßnahmen besteht. Die Struktur mehrstufiger Prozesse kann durch die auf der Input-Output-Analyse[1] basierenden Produktionstheorie *Klooks* [1969][2] erfaßt werden.

Zur Modellierung der Produktionsprozesse wird ein Unternehmen, bestehend aus folgenden Stellen, betrachtet: m Beschaffungsstellen, welche die für die Produktion benötigten Produktionsfaktoren bereitstellen, und $n-m$ Produktionsstellen, in denen die Produktion durchgeführt wird. Die Endprodukte werden in den dazugehörigen $n-m$ Veräußerungsstellen verkauft. Jede Stelle erzeugt jeweils eine homogene Leistung. Dazu wird mit x_i die intern erbrachte Leistungsmenge der i-ten Beschaffungs- bzw. Produktionsstelle bezeichnet, die an anderen Stellen geliefert und bzw. oder extern veräußert werden kann. Die Veräußerungsmenge der i-ten Veräußerungsstelle wird mit y_i bezeichnet. Die Lieferbeziehungen der einzelnen Stellen werden durch Verbrauchsfunktionen $a_{ij}(d_j)$ dargestellt. Dabei bezeichnet $a_{ij}(d_j)$ die Anzahl der Leistungs-

[1] Vgl. etwa *Schumann* [1968], *Krelle* [1988], *Fleissner et al.* [1993].

[2] Vgl. etwa *Kistner* [1981, 1993], *Heinen* [1983], *Schulz* [1987], *Fandel* [1991a].

Abhängigkeit von deren Intensität d_j (=Output/Zeiteinheit) benötigt wird. Dabei stellt $a_{ii}(d_i)$ den Eigenverbrauch der i-ten Stelle dar. Die j-te Stelle benötigt bei einer Intensität von d_j und einer Leistungsmenge in Höhe von x_j von der Beschaffungsstelle i eine Leistungsmenge in Höhe von $a_{ij}(d_j)x_j$. Die i-te Beschaffungsstelle muß daher insgesamt eine Leistungsmenge in folgender Höhe bereitstellen

$$x_i = \sum_{j=1}^{n} a_{ij}(d_j)x_j, \quad i = 1, \ldots, m.$$

Die i-te Produktionsstelle muß neben den Leistungsmengen für die anderen Stellen $\sum_{j=1}^{n} a_{ij}(d_j)x_j$ auch die Veräußerungsmenge y_i bereitstellen. Insgesamt ergibt sich für Produktionsstelle i folgende Bilanzgleichung

$$x_i = \sum_{j=1}^{n} a_{ij}(d_j)x_j + y_i, \quad i = m+1, \ldots, n.$$

In Matrix- bzw. Vektorenschreibweise lassen sich die *Bilanzgleichungen*, die die Verflechtungen des Produktionsprozesses beschreiben, wie folgt darstellen[3]

$$x = A(d)x + y.$$

Die Matrix $A(d)$, die den direkten Bedarf der einzelnen Stellen angibt, wird dementsprechend als *Direktbedarfsmatrix* bezeichnet.

Verbrauchsfunktionen und Direktbedarfsmatrix Die in der Bilanzgleichung verwendeten Verbrauchsfunktionen ergeben sich aufgrund der technologischen Eigenschaften der genutzten Betriebsmittel[4] und werden als bekannt vorausgesetzt.

[3]Mit den Bezeichnungen

$$\begin{aligned} A(d) &:= \left[a_{ij}(d_j)\right]_{i,j=1}^{n} \in R^{n\times n} \\ x &:= (x_1, \ldots, x_n) \in R^n \\ y &:= (y_1, \ldots, y_n) \in R^n, \quad \text{mit } y_i = 0, \quad i = 1, \ldots, m. \end{aligned}$$

[4]Vgl. etwa *Albach* [1962], *Gutenberg* [1975], *Kistner* [1981, 1993], *Dinkelbach* [1994] etc.

1. Verbrauchsfunktionen bei *stetig variierbarer* Intensität: Die Produktionsgeschwindigkeit kann innerhalb eines Intervalls kontinuierlich verändert werden; die Verbrauchsfunktionen sind stetig variierbar:

   a) Konvexe Verbrauchsfunktionen

      – Ein *U-förmiger Verlauf* der Verbrauchsfunktion ergibt sich zum Beispiel, wenn es eine optimale Produktionsgeschwindigkeit gibt, für die das Betriebsmittel ausgelegt ist, und wenn Abweichungen von dieser Geschwindigkeit zu einer Erhöhung des Faktorverbrauchs führen. Vielfach liegen die Minima der Verbrauchsfunktionen verschiedener Faktoren jedoch bei unterschiedlichen Intensitäten.
      – *Monoton steigende* Verbrauchsfunktionen ergeben sich z. B., wenn der Ausschuß und damit der Materialverbrauch bei steigender Produktionsgeschwindigkeit ansteigt.
      – Ein *umgekehrt proportionaler Verlauf* der Verbrauchsfunktionen ergibt sich z. B. bei Messung des Einsatzes von Arbeitskräften anhand der Anwesenheitszeit (Zeitlohn) und für den Wartungsaufwand bei festen Wartungsintervallen.
      – *Konstante Verbrauchsfunktionen* ergeben sich z. B. bei Messung des Einsatzes von Arbeitskräften anhand der Leistung (Akkordlohn).

   b) *Nicht-konvexe Verbrauchsfunktionen* und Verbrauchsfunktionen mit *Unstetigkeiten* bzw. mit *Sprungstellen* erhält man dann, wenn bei kritischen Intensitäten eine Umschaltung, wie z. B. die Wahl eines anderen Übersetzungsverhältnisses, erforderlich wird.

2. Verbrauchsfunktionen bei *diskret variierbarer Intensität*: Die Produktionsgeschwindigkeit kann nur durch Umschaltung in diskreten Schritten variiert werden.

Abb. 3: Verschiedene Verbrauchsfunktionen nach *Kistner* [1993, S. 142 ff.]

Eine sinnvolle Annahme an die Direktbedarfsmatrix $A(d)$, die im Zusammenhang mit Fragestellungen der Input-Output-Analyse entwickelt wurde, ist folgende: Eine nichtnegative quadratische Matrix $A \in R^{n \times n}$ heißt *produk-*

tiv, falls gilt

$$\exists \bar{x} \in R^n_+ : \quad \bar{x} > A\bar{x}.$$

Diese Eigenschaft besagt, daß eine Erzeugung interner Leistungen $\bar{x}_i$ möglich ist, die bei jeder Stelle einen Leistungsüberschuß $[E-A]\bar{x}$ und bei mindestens einer Stelle einen echten Leistungsüberschuß erbringt, der extern veräußert werden kann. Für solche Matrizen gilt folgender Satz in Anlehnung an *Kistner* [1981, S. 145 f., Satz 1, Satz 2, Hilfssatz][5]

Satz 2.2.1 *1. Eine nichtnegative Matrix $A \in R^{n \times n}$ ist genau dann produktiv, wenn eine nichtnegative Inverse $[E-A]^{-1}$ existiert.*

2. Ist $A \in R^{n \times n}$ eine produktive Matrix, so gilt: $\forall y \in R^n_+$ gibt es eine eindeutige Lösung $x \in R^n_+$ des Gleichungssystems $[E-A]x = y$.

3. Ist $A \in R^{n \times n}$ eine nichtnegative Dreiecksmatrix, deren Hauptdiagonalelemente gleich Null sind. Dann existiert eine nichtnegative Inverse $(E-A)^{-1}$.

4. Ist $A \in R^{n \times n}$ eine unzerlegbare nicht-negative Matrix und gilt für die Spaltensummen

$$\begin{aligned} S_i &= \sum_{j=1}^{n} a_{ji} \leq 1 \quad \textit{für alle } i = 1, \ldots, n \textit{ und} \\ S_i &= \sum_{j=1}^{n} a_{ji} < 1 \quad \textit{für mindests ein } i \end{aligned}$$

dann existiert eine nicht-negative Inverse $(E-A)^{-1}$.

Beschränkungen Die verschiedenen Lenkpreismodellierungen können je nach vorhandenen Restriktionen im Entscheidungsfeld (Merkmal 5 innerhalb der Klassifikation von *Frese/Glaser* [1980]) in Untersuchungsgruppen mit oder ohne Engpässe unterteilt werden. Dabei geht die letztere Modellierungsweise auf die Arbeiten von *Hirshleifer* [1956, 1957] zurück (vgl. Abschnitt 1.3).

[5] Vgl. zur Matrixproduktivität etwa *Gale* [1960], *Gantmacher* [1970, 1971].

Neben der Annahme, daß keine mengenmäßigen Beschränkungen vorliegen, ist die Veräußerung von Endprodukten nur innerhalb vorgegebener Grenzen möglich. Eine intensitätsmäßige Anpassung ist nur innerhalb einer gewissen Bandbreite möglich. Insgesamt gelten folgende *Variablenbeschränkungen*

$$\begin{aligned} y_i \in Y_i &:= \Big[0, y_i^{\max}\Big], & i = m+1, \ldots, n \\ x_i \in X_i &:= \Big[0, \infty\Big), & i = 1, \ldots, n \\ d_i \in D_i &:= \Big[d_i^{\min}, d_i^{\max}\Big], & i = 1, \ldots, n. \end{aligned}$$

Erlös- und Kostenverlauf Zur Ermittlung eines optimalen Produktions- und Absatzprogrammes müssen die Input- und Outputfaktoren des Produktionsprozesses entsprechend mit Einkaufs- bzw. Verkaufspreisen bewertet werden. Die i-te Beschaffungsstelle kann Rohstoffe zum Stückkostenpreis in Höhe von k_i am Beschaffungsmarkt kaufen. Demgegenüber kann die i-te Produktionsstelle ihr Produkt in Höhe von $e_i(y_i)$ veräußern. Dabei verhält sich das Unternehmen als Preisnehmer; d. h. das Unternehmen nimmt die Rohstoffstückkosten und Erlöse als exogen gegeben hin und kann durch seine Unternehmenspolitik diese nicht beeinflussen. Der Gesamterfolg ergibt sich als Differenz von Erlösen und Kosten

$$E(x, y) = \sum_{i=m+1}^{n} e_i(y_i) - \sum_{i=1}^{m} k_i x_i.$$

Zentrale Produktions- und Absatzplanung Mit den vorangegangen Überlegungen kann ein auf der Basis einer zentralen Planung formuliertes Produktions- und Absatzprogramm dargestellt werden. Die innerhalb des Gesamtunternehmens herrschenden Lieferbeziehungen werden mit Hilfe der Bilanzgleichungen und den Variablenbeschränkungen modelliert. Eine Bewertung der Produktionsprozesse erfolgt über den Gesamterfolg $E(\cdot)$, den es zu maximieren gilt. Insgesamt ergibt sich folgendes Gesamtplanungsproblem

$$E^{\max} = \max \Big\{ E(\cdot) \mid \text{Bilanzgleichungen, Variablenbeschränkungen} \Big\}.$$

Eine Lösung des Gesamtplanungsproblems $(\bar{y}, \bar{x}, \bar{d})$ wird im folgenden als *optimale Unternehmensproduktions-* und *absatzpolitik* (bzw. kurz *optimale*

Unternehmenspolitik bzw. -strategie) bezeichnet. Unter welchen Bedingungen eine optimale Unternehmenspolitik existiert, beantwortet folgender Satz

Satz 2.2.2 *Sind die Erlösfunktionen $e_i(\cdot)$ $(i = m+1, \ldots, n)$ stetig auf Y_i und die Verbrauchsfunktionen*

$$a_{ij}(d_j), \quad i,j = 1, \ldots, n$$

stetig auf D_j $(j = 1, \ldots, n)$, ist weiter die Direktbedarfsmatrix $A(d)$ produktiv für alle $d \in D$, dann existiert eine optimale Unternehmenspolitik.

Beweis Die Stetigkeit der Erlösfunktionen garantiert die Stetigkeit der Zielfunktion $E(\cdot)$. Die Produktivität der Direktbedarfsmatrix ermöglicht zu beliebig vorgegebenen Veräußerungsmengen $y_i \in Y_i$ und Intensitäten $d_i \in D_i$ nach Satz 2.2.1 eine Bestimmung der nichtnegativen internen Leistungen aus den Bilanzgleichungen

$$x = \left[E - A(d)\right]^{-1} y.$$

Damit ist die Menge der zulässigen internen Leistungen

$$X' = \left\{x \mid x = A(d)x + y,\ y \in Y,\ d \in D\right\}$$

nichtleer und als Bildmenge einer stetigen Funktion auf der kompakten Menge $(Y \times D)$ ebenfalls kompakt. Die Behauptung folgt mit dem Satz von Weierstraß. □

2.3 Dezentrale Produktions- und Absatzplanung

Die Planung von Produktions- und Absatzprogrammen kann grundsätzlich auf zweierlei Arten erfolgen. Zum einem kann die Planung, wie im vorangegangenen Abschnitt, auf der Grundlage eines integrierten Modellansatzes vorgenommen werden. Alternativ hierzu kann die Planung auch dezentral durch Zerlegung des Gesamtplanungsproblems in geeignet gewählte und miteinander koordinierte Teilplanungsprobleme für die entsprechenden Stellen durchgeführt werden.

Eine Möglichkeit zur Koordination entsprechender Teilplanungsprobleme stellen Verrechnungspreise dar. Dabei wird jeder Stelle von der Unternehmensleitung als Verhaltensnorm zum Ziel gesetzt, den eigenen Stellenerfolg zu maximieren. Diese werden auf der Basis von Verrechnungspreisen für die ausgetauschten Leistungen ermittelt: Diejenigen Stellen, die Leistungen von anderen Stellen beziehen, werden mit Kosten in Höhe der jeweiligen Verrechnungspreise je Leistungseinheit belastet. Dazu bezeichnet u_i den Verrechnungspreis für eine Leistungseinheit der Stelle i.

Die Beschaffungsstelle i erzielt bei Abgabe der Leistungsmenge x_i einen Erfolg in Höhe von $u_i x_i$. Demgegenüber entstehen Kosten durch Leistungsbezug von anderen Stellen, bewertet mit den entsprechenden Verrechnungspreisen in Höhe von $\sum_{j=1}^{n} a_{ji}(d_i) u_j x_i$. Weiter kommen Rohstoffkosten in Höhe von $k_i x_i$ hinzu. Bei der Produktionsstelle i ergibt sich der Stellenerfolg analog. Allerdings bezieht sie keine Rohstoffe, so daß bei ihr diese Kosten entfallen. Insgesamt ergibt sich für die i-te Beschaffungs- bzw. Produktionsstelle folgender Stellenerfolg

$$EJ_i(x_i, d_i, u) = \begin{cases} \left(u_i - \sum\limits_{j=1}^{n} a_{ji}(d_i) u_j - k_i\right) x_i, & i = 1, \ldots, m \\ \left(u_i - \sum\limits_{j=1}^{n} a_{ji}(d_i) u_j\right) x_i, & i = m+1, \ldots, n. \end{cases}$$

Ein Teil der Leistungsmenge von Produktionsstelle i wird nicht an andere Stellen abgegeben, sondern von der dazugehörigen Veräußerungsstelle i extern verkauft, wodurch ein Erlös in Höhe von $e_i(y_i)$ zustandekommt. Dabei entstehen Kosten in Höhe von $u_i y_i$. Dies führt zu folgendem Stellenerfolg für die entsprechende Veräußerungsstelle

$$EV_i(y_i, u) = e_i(y_i) - y_i u_i, \quad i = m+1, \ldots, n.$$

Jede Beschaffungs-, Produktions- und Veräußerungsstelle maximiert - aufgrund der von der Unternehmensleitung vorgegebenen Verhaltensnorm - ihren Stellenerfolg nach Vorgabe der Verrechnungspreise u unter Berücksichtigung der zugrundeliegenden Beschränkungen. Dies führt zu folgenden Teilplanungsproblemem für die entsprechenden Stellen

$$\begin{aligned} EJ_i^{\max}(u) &= \max\left\{EJ_i(x_i, d_i, u) \mid d_i^{min} \le d_i \le d_i^{\max},\ x_i \ge 0\right\} \\ EV_i^{\max}(u) &= \max\left\{EV_i(y_i, u) \mid 0 \le y_i \le y_i^{\max}\right\}. \end{aligned}$$

2.4 Koordinationsmechanismus

Dieser Abschnitt beschäftigt sich mit der Frage, unter welchen Voraussetzungen dezentral getroffene Produktions- und Absatzentscheidungen eine optimale Gesamtunternehmenspolitik ergeben. Übertragen auf die Modellebene lautet die Frage: Unter welchen Bedingungen ergeben Lösungen der Teilplanungsprobleme $EJ_i^{\max}(\cdot)$ und $EV_i^{\max}(\cdot)$ eine Lösung des Gesamtplanungsproblems $E^{\max}$? Diese Frage wird in Unterabschnitt 2.4.1 zunächst für ein allgemeines Ressourcen-Allokationsproblem beantwortet. Dies ermöglicht eine Darstellung des für weitere Untersuchungen benötigten Konzepts der dualen Dekomposition, welches das Basiswerkzeug einer Vielzahl von Lenkpreismodellierungen ist, sowie die Beantwortung der oben formulierten Fragestellung für das Grundmodell.

2.4.1 Allgemeines Ressourcen-Allokationsproblem

Das Ressourcen-Allokationsproblem Ist eine nichtleere Menge zulässiger Strategien $Z \subseteq \mathbb{R}^n$ gegeben, auf der eine reellwertige Auszahlungsfunktion $F : Z \to \mathbb{R}$ definiert ist. Sie gibt den Betrag $F(x)$ an, der bei Wahl einer zulässigen Strategie $x \in Z$ ausbezahlt wird. Zusätzlich werden m reellwertige Ressourcenfunktionen $f_i : Z \to \mathbb{R}$ betrachtet, die die Beschränkungen der Ressourcen angeben. Mit $f := (f_1, \dots, f_m)$ ergibt sich folgendes Ressourcen-Allokationsproblem nach *Everett* [1963] bzw. *Lasdon* [1970; 1973, S. 215 ff.]

$$P \begin{cases} F(x) \to \max_x \\ f(x) = 0 \\ x \in Z. \end{cases}$$

Weder an die Auszahlungsfunktion F, noch an die Ressourcenfunktionen f_i werden zunächst Bedingungen (wie etwa Stetigkeit, Konvexität, Differenzierbarkeit etc.) gestellt.

Zur Lösung des Ressourcen-Allokationsproblems wird die sogenannte *Lagrangefunktion* $L(\cdot)$ wie folgt konstruiert: Eine Verletzung der Ressourcenbeschränkungen $f(\cdot) = 0$ wird akzeptiert, allerdings muß dafür ein Preis in Höhe von $u'f(\cdot)$ bezahlt werden, der von der Auszahlungsfunktion $F(\cdot)$ abgezogen wird

$$L : \mathbb{R}^{n+m} \to \mathbb{R}, \qquad L(x,u) := F(x) - u'f(x), \quad u \in \mathbb{R}^m.$$

Zur Lösung des Ressourcen-Allokationsproblems wird der Begriff eines *Sattelpunktes* der Lagrangefunktion $L(\cdot)$ benötigt, der den Schlüssel für die Koordination von Ressourcenentscheidungen liefert. Ein Punkt $(\bar{x},\bar{u}) \in Z \times \mathbb{R}^m$ heißt Sattelpunkt der Lagrangefunktion $L(\cdot)$, falls gilt

$$L(\bar{x},u) \geq L(\bar{x},\bar{u}) \geq L(x,\bar{u}) \ \ \forall x \in Z, \ \forall u \in \mathbb{R}^m.$$

Der Sattelpunkt läßt sich eineindeutig durch zwei Bedingungen - die sogenannten Kuhn-Tucker Bedingungen - charakterisieren, die folgendes besagen: Die Lagrangefunktion soll bei gegebenen Preisen u maximiert werden. Dabei sollen die Preise so gewählt werden, daß die Ressourcenbeschränkungen erfüllt sind (vgl. etwa *Lasdon* [1973, S. 218, Theo. 1]).[6]

Satz 2.4.1 *Ein Punkt $(\bar{x},\bar{u}) \in Z \times \mathbb{R}^m$ ist genau dann ein Sattelpunkt von $L(\cdot)$, wenn die folgenden Kuhn-Tucker Bedingungen gelten*

$$\begin{array}{ll} 1) & L(\bar{x},\bar{u}) \geq L(x,\bar{u}) \quad \forall x \in Z \\ 2) & f(\bar{x}) = 0. \end{array}$$

Bei Vorliegen eines Sattelpunktes kann unmittelbar eine Lösung für das Ressourcen-Allokationsproblem bestimmt werden (vgl. etwa *Lasdon* [1973, S. 218, Theo. 2]).

[6] *Lasdon* [1973, s. 218, Theo. 1] formuliert Theorem 1 für den Fall, daß die Ressourcenbeschränkungen mit kleiner gleich null erfüllt sind. Allerdings läßt sich das Theorem leicht auf den Gleichheitsfall anwenden (vgl. hierzu *Lasdon* [1973, S. 220]).

Satz 2.4.2 *Ist $(\bar{x}, \bar{u}) \in Z \times I\!R^m$ ein Sattelpunkt von $L(\cdot)$, so löst $\bar{x}$ das Ressourcen-Allokationsproblem P.*

Koordination Zur Beschreibung des Koordinationsmechanismuses wird im folgenden eine separable Struktur des Ressourcen-Allokationsproblems betrachtet. Die Menge der zulässigen Strategien $Z \in I\!R^n$ wird als kartesisches Produkt disjunkter Mengen vorausgesetzt

$$Z := Z^1 \times \cdots \times Z^k, \qquad Z^i \subseteq R^{n_i} \text{ mit } n_1 + \cdots + n_k = n.$$

Damit kann jede Strategie $x \in Z$ in $x := (x^1, \ldots, x^k)$ zerlegt werden.

Die Auszahlungsfunktion und die Ressourcenfunktion sollen additiv in x^i sein.[7] Jeder Teilstrategie x^i kann also unmittelbar einer Auszahlungsfunktion $F^i(\cdot)$ sowie einer Ressourcenfunktion $f^i(\cdot)$ zugeordnet werden. Unter diesen Voraussetzungen ergibt sich folgendes modifiziertes Ressourcen-Allokationsproblem

$$P' \left\{ \begin{array}{l} \sum_{i=1}^{k} F^i(x^i) \rightarrow \max_{(x^1, \ldots, x^k)} \\ \sum_{i=1}^{k} f^i(x^i) = 0 \\ x^i \in Z^i, \quad i = 1, \ldots, k. \end{array} \right.$$

Aufgrund der Separabilitätsannahmen kann die Lagrangefunktion $L(\cdot)$ mit $L^i(x^i, u) := F^i(x^i) - u' f^i(x^i)$ additiv dargestellt werden

$$L(x, u) = \sum_{i=1}^{k} L^i(x^i, u).$$

Damit können die Kuhn-Tucker Bedingungen umformuliert werden.

---

[7]D. h. es gilt folgende Darstellung für die Auszahlungs- bzw. Ressourcenfunktionen

$$\begin{array}{ll} F^i : Z^i \rightarrow I\!R, \; i = 1, \ldots k, & F(x) := \sum_{i=1}^{k} F^i(x^i) \\ f^i : Z^i \rightarrow I\!R^m, \; i = 1, \ldots k; & f(x) := \sum_{i=1}^{k} f^i(x^i). \end{array}$$

Satz 2.4.3 *Für das modifizierte Ressourcen-Allokationsproblem P' ergeben sich folgende Kuhn-Tucker Bedingungen*

$$\begin{array}{ll} 1) & L^i(\bar{x}^i, \bar{u}) \geq L^i(x^i, \bar{u}) \quad \forall x^i \in Z^i,\ i = 1, \ldots, k \\ 2) & \sum\limits_{i=1}^{k} f^i(\bar{x}^i) = 0. \end{array}$$

Interpretiert man die erste Kuhn-Tucker Bedingung als k unabhängige Teilplanungsprobleme

$$P_i'(u) \left\{ \begin{array}{l} F^i(x^i) - u' f^i(x^i) \to \max_{x_i} \\ x^i \in Z^i \end{array} \right. , \quad i = 1, \ldots, k,$$

die nach Vorgabe von Preisen u dezentral gelöst werden, so ergibt sich aufgrund der vorangegangenen Sätze folgendes: Werden die Preise so vorgegeben, daß die Ressourcenbeschränkungen und damit die zweite Kuhn-Tucker Bedingung aus Satz 2.4.3 erfüllt sind, so liegt ein Sattelpunkt vor. Dieser liefert nach Satz 2.4.2 eine optimale Lösung des modifizierten Ressourcen-Allokationsproblems P' (vgl. *Lasdon* [1973, S. 219 ff.])

Satz 2.4.4 *Sind $\left(\bar{x}^1(\bar{u}), \ldots, \bar{x}^k(\bar{u})\right)$ Lösungen der Teilplanungsprobleme $P_i'(\bar{u})$ bei Vorliegen der Preise $\bar{u}$, und sind die Ressourcenbeschränkungen erfüllt*

$$\sum_{i=1}^{k} f^i(\bar{x}^i) = 0,$$

so ist $\left(\bar{x}^1(\bar{u}), \ldots, \bar{x}^k(\bar{u})\right)$ eine Lösung des modifizierten Ressourcen-Allokationsproblems P'. Weiter gilt

$$F(\bar{x}) = \sum_{i=1}^{k} F^i(\bar{x}^i).$$

Dies läßt sich folgendermaßen interpretieren: Nach Vorgabe von Preisen u für die Ressourcen werden die Teilplanungsprobleme P_i' dezentral gelöst. Die Preise müssen dabei so gewählt werden, daß die Ressourcenbeschränkungen insgesamt erfüllt sind.

2.4.2 Das Grundmodell

Ausgangspunkt der Betrachtung war die Frage, welche Bedingungen gelten müssen, damit dezentral getroffene Produktions- und Absatzentscheidungen zu optimalen Gesamtunternehmensproduktions- und -absatzentscheidungen führen. In der Modellebene lautet die Frage, unter welchen Bedingungen liefern Lösungen der Teilplanungsprobleme $EJ_i^{\max}(\cdot)$ und $EV_i^{\max}(\cdot)$ eine Lösung des Gesamtplanungsproblems $E^{\max}$.

Im vorangegangenen Unterabschnitt wurde diese Frage für das modifizierte Ressourcen-Allokationsproblem beantwortet. Erfüllen Lösungen der Teilplanungsprobleme $P_i'(\cdot)$ die Ressourcenbedingungen, so liegt eine Lösung des modifizierten Ressourcen-Allokationsproblems vor. Übertragen auf das Grundmodell lautet die Aussage wie folgt: Erfüllen Lösungen der Teilplanungsprobleme $EJ_i^{\max}(\cdot)$ und $EV_i^{\max}(\cdot)$ die Bilanzgleichungen, so liefern diese eine optimale Gesamtunternehmensstrategie. Anders ausgedrückt: Je nach vorgegebenen Verrechnungspreisen wählen die einzelnen Stellen andere Stellenentscheidungen. Sind Angebot und Nachfrage an Leistungsmengen der einzelnen Stellen ausgeglichen und somit die Bilanzgleichungen erfüllt, so liegt eine optimale Gesamtunternehmensstrategie vor. Es gilt folgender Satz in Anlehnung an *Hellwig* [1989, S. 527]

Satz 2.4.5 *Ist $\big(\bar{x}(\bar{u}), \bar{y}(\bar{u}), \bar{d}(\bar{u})\big)$ eine mit den Verrechnungspreisen $\bar{u}$ abgeleitete Lösung der Teilplanungsprobleme $EJ_i^{\max}(\bar{u})$ $(i = 1, \ldots, n)$ und $EV_i^{\max}(\bar{u})$ $(i = m+1, \ldots, n)$, für die die Bilanzgleichungen erfüllt sind, dann ist $(\bar{x}, \bar{y}, \bar{d})$ eine optimale Lösung des Gesamtplanungsproblems $E^{\max}$ und es gilt*

$$E^{\max} = \sum_{i=1}^{n} EJ_i^{\max}(\bar{u}) + \sum_{i=m+1}^{n} EV_i^{\max}(\bar{u}).$$

Beweis Die Beweisidee besteht darin, den Koordinationsmechanismus des modifizierten Ressourcen-Allokationsproblems auf das Grundmodell zu übertragen: Die Menge der zulässigen Strategien läßt sich als kartesisches Produkt unabhängiger Mengen wie folgt darstellen

$$Y_{m+1} \times \cdots \times Y_n \times \big(D_1 \times X_1\big) \times \cdots \times \big(D_n \times X_n\big).$$

Die Gesamterfolgsfunktion $E(\cdot)$ entspricht der Auszahlungsfunktion $F(\cdot)$ und die Bilanzgleichungen der Ressourcenfunktion $f(\cdot)$. Die Lagrangefunktion $L(\cdot)$ von $E^{\max}$ ist additiv in den oben dargestellten Mengen

$$\begin{aligned} & L(x,y,d,u) \\ = \; & \sum_{i=m+1}^{n} e_i(y_i) - \sum_{i=1}^{m} k_i x_i - \sum_{i=1}^{n} u_i \Big[\sum_{j=1}^{n} a_{ij}(d_j) x_j - x_i + y_i \Big] \\ = \; & \sum_{i=1}^{n} EJ_i(x_i, d_i, u) + \sum_{i=m+1}^{n} EV_i(y_i, u). \end{aligned}$$

Mit Satz 2.4.4 folgt die Behauptung. □

2.5 Verrechnungspreise

Wie können Verrechnungspreise charakterisiert werden, so daß dezentral getroffene Produktions- und Absatzentscheidungen eine optimale Gesamtunternehmensproduktions- und -absatzpolitik ergeben? Die Beantwortung dieser Frage ist Gegenstand des folgenden Abschnittes. Weiter ermöglicht die gewonnene Charakterisierung eine Interpretation mit Hilfe der innerbetrieblichen Leistungsverrechnung.

2.5.1 Charakterisierung

Innerhalb der Unternehmung stehen sich die einzelnen Stellen mit der Zielsetzung, ihren Stellenerfolg zu maximieren, gegenüber. Je nach vorgegebenem Verrechnungspreis wählen sie eine andere Stellenstrategie. Sind Angebot und Nachfrage von Leistungsmengen für alle Stellen ausgeglichen und damit die Bilanzgleichungen erfüllt, so liegt eine optimale Gesamtunternehmensstrategie vor. Der folgende Satz in Anlehnung an *Hellwig* [1989, S. 527 f.] liefert eine Charakterisierung geeigneter Verrechnungspreise

Satz 2.5.1 *Ist eine Lösung $(\bar{u}, \bar{d})$ der Verrechnungspreisstruktur*

$$\begin{aligned} u_i &= \min_{d_i \in D_i} \Big[\sum_{j=1}^{n} a_{ji}(d_i) u_j + k_i \Big], \quad i = 1, \ldots, m \\ u_i &= \min_{d_i \in D_i} \Big[\sum_{j=1}^{n} a_{ji}(d_i) u_j \Big], \quad i = m+1, \ldots, n \end{aligned}$$

gegeben, ist weiter die Direktbedarfsmatrix $A(\bar{d})$ produktiv und existieren Lösungen $\bar{y}_i$ der Teilplanungsprobleme $EV_i^{max}(\bar{u})$ $(i = m+1, \ldots, n)$, so liefern gewisse Lösungen der Teilplanungsprobleme $EJ_i^{max}(\bar{u})$ und $EV_i^{max}(\bar{u})$ eine Lösung des Gesamtplanungsproblems E^{max}. Weiter gilt

$$E^{max} = \sum_{i=m+1}^{n} EV_i^{max}(\bar{u}).$$

Beweis in Anlehnung an *Hellwig* [1989, S. 527 f.]. Existiert eine Lösung der Verrechnungspreisstruktur, so kann in einem ersten Schritt gezeigt werden, daß eine Lösung der Teilplanungsprobleme $EJ_i^{max}(\bar{u})$ $(i = 1, \ldots, n)$ unabhängig von der Leistungsmenge x_i erfolgt. In Schritt 2 werden die optimalen Veräußerungsmengen $\bar{y}$ als Lösungen der Teilplanungsprobleme $EV_i(\bar{u})$ $(i = m+1, \ldots, n)$ bestimmt, die nach Voraussetzung existieren. Abschließend können die internen Leistungen aufgrund der Produktivitätseigenschaft der Direktbedarfsmatrix nach Satz 2.2.1 aus den Bilanzgleichungen ermittelt werden. Die erste Behauptung folgt dann mit Satz 2.4.4.

Zu Schritt 1: Ist $(\bar{u}, \bar{d})$ eine Lösung der Verrechnungspreisstruktur und ist $(\tilde{x}_i, \tilde{d}_i)$ eine optimale Lösung von $EJ_i^{max}(\bar{u})$ $(i = 1, \ldots, n)$, so gilt aufgrund der Verrechnungspreisstruktur

$$\begin{aligned} EJ_i(\tilde{x}_i, \tilde{d}_i, \bar{u}) &= \Big(\bar{u}_i - \sum_{j=1}^{n} a_{ji}(\tilde{d}_i)\bar{u}_j - k_i\Big)\tilde{x}_i \\ &= \Big(\Big(\sum_{j=1}^{n} a_{ji}(\bar{d}_i)\bar{u}_j + k_i\Big) - \sum_{j=1}^{n} a_{ji}(\tilde{d}_i)\bar{u}_j - k_i\Big)\tilde{x}_i \\ &\leq 0. \end{aligned}$$

Für eine beliebige Leistungsmenge $x_i \geq 0$ gilt ebenfalls aufgrund der Verrechnungspreisstruktur

$$\begin{aligned} EJ_i(x_i, \bar{d}_i, \bar{u}) &= \Big(\bar{u}_i - \sum_{j=1}^{n} a_{ji}(\bar{d}_i)\bar{u}_j - k_i\Big)x_i \\ &= 0. \end{aligned}$$

Damit folgt die Behauptung von Schritt 1. Der maximale Gesamterfolg E^{max} ergibt sich nach Satz 2.4.4 als Summe der Stellenerfolge. Schritt 1 zeigt, daß der Stellenerfolg $EJ_i^{max}(\bar{u})$ auf Null gesetzt wird und damit die zweite Behauptung. □

Der maximal zu erwartende Gesamterfolg läßt sich wie folgt umschreiben

$$\begin{aligned} & E(\bar{y},\bar{x},\bar{d}) &&= \sum_{i=m+1}^{n} EV_i(\bar{y}_i,\bar{u}) \\ \Longleftrightarrow\quad & \sum_{i=m+1}^{n} e_i(\bar{y}_i) - \sum_{i=1}^{n} k_i\bar{x}_i &&= \sum_{i=m+1}^{n} \Big(e_i(\bar{y}_i) - \bar{y}_i\bar{u}_i\Big) \\ \Longleftrightarrow\quad & \sum_{i=1}^{n} k_i\bar{x}_i &&= \sum_{i=m+1}^{n} \bar{y}_i\bar{u}_i. \end{aligned}$$

Die Verrechnungspreise werden so gewählt, daß der Wert des Outputs gleich dem Wert des Inputs ist. Dies stellt ein aus der innerbetrieblichen Leistungsverrechnung bekanntes Vorgehen dar.

2.5.2 Innerbetriebliche Leistungsverrechnung

Gegenstand der innerbetrieblichen Leistungsverrechnung ist die Erfassung und Verrechnung von Kosten. Die Notwendigkeit einer Kostenverrechnung resultiert daher, daß in Kostenstellen nicht nur Produktionsfaktoren verzehrt, sondern daß aufgrund von Leistungsverflechtungen Leistungen von anderen Kostenstellen in Anspruch genommen werden.[8] Eine Kostenverrechnung basiert dabei auf folgendem Vorgehen: In den Empfängerkostenstellen wird der Verbrauch innerbetrieblicher Leistungen so behandelt, als wäre dieser von anderen Unternehmen extern bezogen worden.

Übertragen auf das Grundmodell wird eine Bewertung u_i für die Leistungen der einzelnen Stellen in Anlehnung an *Kistner/Luhmer* [1977, S. 768, 773] bzw. *Kistner* [1981, S. 142 f.] wie folgt konstruiert: Die Gesamtleistung der Stelle i wird mit dem Verrechnungspreis u_i so bewertet, daß ihr Wert gleich den in der Stelle angefallenen (Gesamt-)Kosten ist.

[8] Vgl. zur innerbetrieblichen Leistungsverrechnung etwa *Schierenbeck* [1981, 1993] etc.

Für Beschaffungsstelle $i = 1, \ldots, m$ gilt damit folgende Leistungsbilanz: Die erbrachte Leistung x_i der Beschaffungsstelle wird mit dem Verrechnungspreis u_i bewertet. Sie muß gleich den in der Stelle angefallenen Kosten sein, die sich aus den Rohstoffkosten $k_i x_i$ und den von anderen Stellen bezogenen Leistungen $\sum_{j=1}^{n} a_{ji}(d_i)x_i$ zusammensetzen, die mit dem jeweiligen Verrechnungspreis u_j bewertet werden

$$x_i u_i = k_i x_i + \sum_{i=1}^{n} a_{ji}(d_i) u_j x_i, \quad i = 1, \ldots, m.$$

Für Produktionsstelle $i = m+1, \ldots, n$ ergibt sich analog folgende Leistungsbilanz. Allerdings entfallen hierbei die Rohstoffkosten

$$x_i u_i = \sum_{i=1}^{n} a_{ji}(d_i) u_j x_i, \quad i = m+1, \ldots, n.$$

Pro Leistungseinheit erhält man in Matrixschreibweise folgenden Term

$$u = A(d)^T u + k.$$

Nach den Verrechnungspreisen u aufgelöst, ergibt sich folgende dem Gleichungsverfahren der innerbetrieblichen Leistungsverrechnung entsprechende Gleichung

$$u = \left[E - A(d)^T\right]^{-1} k.$$

Aufgrund der Matrixproduktivität und der Nichtnegativität der Rohstoffstückkosten nehmen die Verrechnungspreise ausschließlich nichtnegative Werte an.

Die Verrechnungspreisstruktur aus Satz 2.5.1 gibt weiter Aufschluß darüber, wie die jeweiligen Stellen ihre optimale Intensität $\bar{d}_i$ wählen sollen. Und zwar so, daß die bewerteten Leistungen, die die Stückkosten der Stellenleistung angeben, minimal werden. Bei konstanten Produktionskoeffizienten - ohne Berücksichtigung intensitätsmäßiger Anpassungsmaßnahmen - ergibt sich das Gleichungsverfahren. Die Verrechnungspreisstruktur kann daher als eine *Erweiterung des Gleichungsverfahrens* angesehen werden.

2.6 Existenz von Verrechnungspreisen

Existiert eine Lösung $(\bar{u}, \bar{d})$ der Verrechnungspreisstruktur aus Satz 2.5.1, welche die Teilplanungsprobleme so koordiniert, daß deren Lösungen das Gesamtplanungsproblem löst? Diese Frage beantwortet der folgende Abschnitt zunächst für den Fall linearer und einfach-zusammenhängender Produktionsstrukturen und abschließend für komplexe Produktionsstrukturen.

2.6.1 Einfach-zusammenhängende Produktionsstrukturen

Bei linearen Produktionsstrukturen liefert jede Stelle nur an eine nachgelagerte Stelle. Die Direktbedarfsmatrix $A(d)$ enthält in jeder Zeile höchstens ein positives Element oberhalb der Hauptdiagonalen. Der dazugehörige Gozinthograph ist zyklenfrei, jeder Knoten hat höchstens einen Nachfolger. Im Einproduktfall ist der Gozinthograph ein Baum, während er im Mehrproduktfall aus mehreren disjunkten Bäumen besteht.[9]

Bei einfach-zusammenhängenden Produktionsstrukturen, die die Klasse der linearen Produktionsstrukturen umfaßt, kann eine Stelle dagegen auch mehrere Stellen beliefern. Dabei besteht folgende Einschränkung: Eine Stelle i, die Leistungen für eine Stelle j erstellt, nimmt weder direkt noch indirekt über andere Stellen Leistungen der Stelle j in Anspruch. Die Direktbedarfsmatrix $A(d)$ kann durch geeignete Umnumerierung der Stellen triangulisiert werden. Hierzu werden einzelne Stellen so umnumeriert, daß eine Stelle, die Lieferungen empfängt, eine höhere Nummer als alle an sie liefernden Stellen enthält. Aus Gründen der Übersichtlichkeit wird auf solch eine Indizierung der durch die Triangulisierung entstehenden Permutationen verzichtet. Ein Algorithmus, der solch eine Permutation bewerkstelligt, findet sich etwa in *Kistner* [1981, S. 143 f.]. Sind die einzelnen Stellen entsprechend umnume-

[9]Vgl. zur Klassifikation von Produktionsstrukturen etwa *Kistner* [1981, S. 140 ff.]

riert, so kann die Verrechnungspreisstruktur wie folgt dargestellt werden:[10]

$$\begin{aligned}
u_1 &= k_1 \\
u_2 &= \min_{d_2 \in D_2} \left[a_{12}(d_2)u_1 + k_2\right] \\
&\cdots\cdots\cdots\cdots\cdots\cdots\cdots\cdots \\
u_i &= \min_{d_i \in D_i} \left[a_{1i}(d_i)u_1 + \cdots + a_{i-1i}(d_i)u_{i-1} + k_i\right] \\
&\cdots\cdots\cdots\cdots\cdots\cdots\cdots\cdots \\
u_n &= \min_{d_n \in D_n} \left[a_{1n}(d_n)u_1 + \cdots + a_{n-1n}(d_n)u_{n-1} + k_n\right].
\end{aligned}$$

Sind die Verbrauchsfunktionen konstant, so erhält man das aus der innerbetrieblichen Leistungsverrechnung bekannte Stufenleiterverfahren. In Anlehnung daran kann obiges Schema als ein um den Aspekt intensitätsmäßiger Anpassungsmaßnahmen *erweitertes Stufenleiterverfahren* aufgefaßt werden. Bei stetigen Verbrauchsfunktionen können die Verrechnungspreise sukzessiv nach diesem Schema berechnet werden. Daher gilt folgender Existenzsatz

Satz 2.6.1 *Sind die Verbrauchsfunktionen*

$$a_{ji}(d_i), \quad i = 1, \ldots, n, \quad j > i$$

stetig auf D_i $(i = 1, \ldots, n)$, so existiert bei linearen und einfach-zusammenhängenden Produktionsstrukturen eine Lösung $(\bar{u}, \bar{d})$ der Verrechnungspreisstruktur aus Satz 2.5.1.

2.6.2 Komplexe Produktionsstrukturen

Eine Erweiterung der Klasse einfach-zusammenhängender Produktionsstrukturen stellen komplexe Produktionsstrukturen dar. Diese sind dadurch charakterisiert, daß einzelne Stellen sich gegenseitig beliefern können; der Gozinthograph ist nicht zyklenfrei. In diesem Fall läßt sich die Existenz einer Lösung $(\bar{u}, \bar{d})$ nicht wie im Fall von linearen bzw. einfach-zusammenhängenden Produktionsstrukturen rekursiv beweisen, da ein Ringschluß entsteht:

[10]Hierbei wird unterstellt, daß kein Eigenverbrauch ($a_{ii} = 0$) vorliegt. Ein Eigenverbrauch ($|a_{ii} = Konst.| < 1$) kann allerdings leicht integriert werden.

Die stückminimalen Intensitäten $\bar{d}_i$ können nur bei Vorliegen der Verrechnungspreise $\bar{u}_i$ bestimmt werden. Umgekehrt können die Verrechnungspreise $\bar{u}_i$ nur bei Vorliegen der stückminimalen Intensitäten $\bar{d}_i$ festgelegt werden. Eine Möglichkeit, dennoch die Existenz einer Lösung der Verrechnungspreisstruktur zu zeigen, stellt folgender Existenzsatz in Anlehnung an *Hellwig* [1989, S. 527 f.] dar.

Satz 2.6.2 *Sind die Verbrauchsfunktionen*

$$a_{ji}(d_i), \quad i,j = 1,\ldots,n$$

stetig, konvex auf D_i $(i = 1,\ldots,n)$ *und die Direktbedarfsmatrix* $A(d)$ *produktiv für alle* $d \in D$, *so existiert eine Lösung* $(\bar{u}, \bar{d})$ *der Verrechnungspreisstruktur aus Satz* 2.5.1.

Beweis in Anlehnung an *Hellwig* [1989, S. 527 f.]. Die Beweisidee besteht darin, den oben dargestellten Ringschluß - mittels geeignet gewählter Korrespondenzen - auf ein Fixpunktproblem zu übertragen und dessen Existenz mit einem geeigneten Fixpunktsatz zu zeigen. Aufgrund der Matrixproduktivität lassen sich für alle zulässigen Intensitäten d die Verrechnungspreise bestimmen

$$u(d) : D \to U, \qquad u(d) := A(d)^T u(d) + k.$$

Dabei sei U die Bildmenge der Funktion $u(\cdot)$. Die stückminimalen Intensitäten lassen sich bei Vorliegen von Verrechnungspreisen mit Hilfe folgender Korrespondenz darstellen

$$h(u) : U \to 2^D, \qquad h(u) := \left\{\bar{d} \mid A(\bar{d})^T u + k \leq A(d)^T u + k \;\; \forall d \in D\right\}.$$

Besitzt die zusammengesetzte Korrespondenz einen Fixpunkt

$$h\big(u(d)\big) : D \to 2^D, \qquad \bar{d} \in h\big(u(\bar{d})\big),$$

so folgt mit $\bar{u} := u(\bar{d})$

$$\begin{aligned} &\bar{u} = A(\bar{d})^T \bar{u} + k \\ &A(\bar{d})^T \bar{u} + k \leq A(d)^T \bar{u} + k \quad \forall d \in D \end{aligned}$$

und damit die Behauptung. Die Existenz solch eines Fixpunktes wird mit Hilfe des Fixpunktsatzes von Kakutani in Anhang A.1 gezeigt. □

Liegt kein Eigenverbrauch der einzelnen Stellen vor, so ist nach Satz 2.2.1 die Direktbedarfsmatrix $A(d)$ für alle Intensitäten $d \in D$ produktiv. Andernfalls läßt sich die Produktivitätsanforderung etwa nach Satz 2.2.1 über die Spaltensummen an den Randstellen $d_i^{\min}$ und $d_i^{\max}$ nachprüfen. Hierbei wird berücksichtigt, daß eine Summe konvexer Funktionen wiederum konvex ist, und daher der Maximalwert u. a. am Rand liegt.[11]

2.7 Bestimmung und Abschätzung von Verrechnungspreisen

Auf welche Art und Weise Lösungen der Verrechnungspreisstruktur bestimmt werden können, wird in diesem Abschnitt untersucht. Dazu werden mehrere Möglichkeiten - ein erweitertes Stufenleiterverfahren, ein erweitertes Gleichungsverfahren sowie ein Preisanpassungsprozeß - vorgestellt. Weiter werden Abschätzungen für Näherungslösungen angegeben.

2.7.1 Ein erweitertes Stufenleiterverfahren

Bei einfach-zusammenhängenden Produktionsstrukturen konnte die Existenz einer Lösung $(\bar{u}, \bar{d})$ der Verrechnungspreisstruktur durch ein erweitertes Stufenleiterverfahren gezeigt werden. Dieses Verfahren bietet sich auch bei der

[11] Für diesen Hinweis danke ich Herrn Prof. Dr. K.-P. Kistner, Bielefeld.

Berechnung von Verrechnungspreisen an

$$
\begin{aligned}
u_1 &= k_1 \\
u_2 &= \min_{d_2 \in D_2} \left[a_{12}(d_2)u_1 + k_2\right] \\
&\cdots\cdots\cdots\cdots\cdots\cdots\cdots\cdots\cdots\cdots \\
u_i &= \min_{d_i \in D_i} \left[a_{1i}(d_i)u_1 + \cdots + a_{i-1i}(d_i)u_{i-1} + k_i\right] \\
&\cdots\cdots\cdots\cdots\cdots\cdots\cdots\cdots\cdots\cdots \\
u_n &= \min_{d_n \in D_n} \left[a_{1n}(d_n)u_1 + \cdots + a_{n-1n}(d_n)u_{n-1} + k_n\right].
\end{aligned}
$$

Besonders im Fall konvexer (speziell quadratischer) Verbrauchsfunktionen führt diese Vorgehensweise auf einfache Art und Weise zur Bestimmung einer Lösung $(\bar{u}, \bar{d})$.

2.7.2 Ein erweitertes Gleichungsverfahren

Bei komplexen Produktionsstrukturen wurden die Verrechnungspreise durch ein erweitertes Gleichungsverfahren bestimmt

$$
\begin{aligned}
u_i &= \min_{d_i \in D_i} \left[\sum_{j=1}^{n} a_{ji}(d_i)u_j + k_i\right], \quad i = 1, \ldots, m \\
u_i &= \min_{d_i \in D_i} \left[\sum_{j=1}^{n} a_{ji}(d_i)u_j\right], \quad i = m+1, \ldots, n.
\end{aligned}
$$

Hierbei besteht, wie der Existenzsatz 2.6.2 zeigte, das Problem eines Ringschlusses. Die stückminimalen Intensitäten $\bar{d}$ können nur bei Vorliegen der Verrechnungspreise $\bar{u}$ bestimmt werden. Umgekehrt können die Verrechnungspreise $\bar{u}_i$ nur bei Vorliegen der stückminimalen Intensitäten $\bar{d}_i$ festgelegt werden. Innerhalb des Existenzsatzes wurde diese Problematik mit der Bestimmung eines Fixpunktes der Korrespondenz

$$
h\Big(u(d)\Big) : D \to 2^D
$$

gelöst. Als Möglichkeit zur Berechnung einer Lösung $(\bar{u}, \bar{d})$ der Verrechnungspreisstruktur bieten sich daher Algorithmen zur Berechnung von Fixpunkten an. Ein Algorithmus zur approximativen Bestimmung von Fixpunktproblemen geht auf *Scarf* [1967, 1973] zurück. Dieser stellt die Grundlage für viele weitere Algorithmen zur Lösung von Fixpunktproblemen und den damit verwandten Variationsungleichungen und Komplementaritätsproblemen[12] dar. Einen Überblick über verschiedene Methoden zur Berechnung dieser Probleme geben hierzu *Harker/Pang* [1990, S. 179 ff.].

Eine andere Bestimmungsmöglichkeit einer Lösung $(\bar{u}, \bar{d})$ der Verrechnungspreisstruktur ergibt sich unter der Voraussetzung, daß die Stückkosten für beliebige Verrechnungspreisvektoren $u \geq 0$ ihr Minimum im Inneren von D annehmen und die Verbrauchsfunktionen konvex und differenzierbar auf D sind. Die erste Voraussetzung ist zum Beispiel für U-förmige (z. B. quadratische) Verbrauchsfunktionen erfüllt. Definiert man mit

$$\begin{aligned} s_i(d_i, u) &:= \sum_{j=1}^{n} a_{ji}(d_i)u_j, \quad i = 1, \ldots, n \\ s_i^{\min}(u) &:= \min_{d_i \in D_i} s_i(d_i, u), \quad i = 1, \ldots, n \end{aligned}$$

die minimalen Stückkosten, so erfolgt in diesem Fall als notwendige und hinreichende Bedingung für eine stückkostenminimale Intensität

$$0 = \frac{\partial}{\partial d_i} s_i(d_i, u) = \sum_{j=1}^{n} a'_{ji}(d_i)u_j, \quad i = 1, \ldots, n.$$

Unter den oben genannten Voraussetzungen ergibt sich folgendes nicht-lineare Gleichungssystem zur Bestimmung einer Lösung $(\bar{u}, \bar{d})$. Dabei sind die ersten n Gleichungen Bestimmungsgleichungen für die Verrechnungspreise und die letzten n Gleichungen Bestimmungsgleichungen für die stückkostenminimalen Intensitäten (vgl. *Hellwig* [1989, S. 528])

$$\begin{aligned} u_i &= \sum_{j=1}^{n} a_{ji}(d_i)u_j + k_i, \quad i = 1, \ldots, m \\ u_i &= \sum_{j=1}^{n} a_{ji}(d_i)u_j, \quad i = m+1, \ldots, n \\ 0 &= \sum_{j=1}^{n} a'_{ji}(d_i)u_j, \quad i = 1, \ldots, n. \end{aligned}$$

Zur Lösung nicht-linearer Gleichungssysteme wird üblicherweise das Jacobi- oder das Gauß-Seidel-Verfahren benützt. Einen Überblick über verschiedene

[12] Eine Darstellung der Äquivalenzen der verschiedenen Probleme findet sich etwa in *Isac* [1992, S. 52 ff.].

Verfahren zur Lösung nicht-linearer Gleichungssysteme liefert etwa *Göpfert et al.* [1985]. Außerdem bieten oftmals Fixpunktalgorithmen die Möglichkeit zur Lösung nicht-linearer Gleichungssyteme (vgl. hierzu wiederum *Harker/Pang* [1990, S. 179 ff.]).

2.7.3 Ein Preisanpassungsprozeß

In den vorangegangenen Unterabschnitten berechnete die Unternehmensleitung mit Hilfe des erweiterten Stufenleiter- oder Gleichungsverfahrens die Verrechnungspreise. Eine andere Berechnungsmöglichkeit stellt ein Kommunikationsprozeß zwischen Unternehmensleitung und den Stellen dar.

Dazu wird folgende Situation betrachtet: Die Unternehmensleitung gibt als koordinierende Instanz den einzelnen Stellen Verrechnungspreise vor. Die Stellen planen auf Basis dieser vorläufigen Preise unabhängig voneinander ihre Stellenstrategie und geben diese an die Unternehmensleitung weiter. Die Unternehmensleitung vergleicht dann Angebot und Nachfrage der einzelnen Stellen. Überschreitet die Nachfrage das Angebot, so erhöht die Unternehmensleitung den entsprechenden Verrechnungspreis der Leistung; bei einem Angebotsüberhang senkt sie den Verrechnungspreis. Die einzelnen Stellen werden zur Revision ihrer Stellenstrategie auf Grundlage der neuen Verrechnungspreise aufgefordert. Der Dialog zwischen Unternehmensleitung und den Stellen ist so lange fortzusetzen, bis ein Ausgleich von Angebot und Nachfrage erreicht ist. In der Literatur wird von einem sogenannten *Preisanpassungs-* bzw. *Tatônnement-Prozeß* gesprochen, bei dem Angebot und Nachfrage zum Ausgleich gebracht werden.

Diese Idee wird zunächst für das allgemeine Ressourcen-Allokationsproblem mit Hilfe der Dualitätstheorie formalisiert, wodurch anschließend eine Übertragung dieser Ergebnisse auf das Grundmodell möglich ist.

Ein Preisanpassungsprozeß für das modifizierte Ressourcen-Allokationsproblem Als Dualitätstheorie wird der Zweig der Optimierungstheorie bezeichnet, dessen Gegenstand es ist, zu einer gegebenen (primalen) Optimierungsaufgabe P, eine weitere duale Optimierungsaufgabe D so zu konstruieren, daß durch deren Untersuchung Informationen über Lösung, Optimalwert und andere Parameter von P erhalten werden können (vgl. *Göpfert et al.* [1986, S. 43]). Bezogen auf die Verrechnungspreisproblematik ermöglicht die Formulierung eines zu dem Ressourcen-Allokationsproblem P dualen Problem D weitere Aussagen über die Verrechnungspreise. Dazu folgende Definition (vgl. etwa *Lasdon* [1973, S. 221])

Definition 2.7.1 *Das Ressourcen-Allokationsproblem P aus Unterabschnitt* 2.4.1 *ist gegeben. Dann wird*

$$G : \mathbb{R}^m \to \mathbb{R}, \quad G(u) := \sup_{x \in Z} L(x,u)$$

als duale Zielfunktion und

$$D := \inf \left\{ G(\cdot) \mid u \in \mathbb{R}^m \right\}$$

als das zum Ressourcen-Allokationsproblem P gehörende duale Problem bezeichnet.

Den Schlüssel zur Koordination von Ressourcenentscheidungen stellt der zu dem Ressourcen-Allokationsproblem P gehörende Sattelpunkt dar (vgl. Unterabschnitt 2.4.1). Auch in diesem Fall spielt er wiederum eine zentrale Rolle. Dies zeigt folgender Satz (vgl. etwa *Lasdon* [1973, S. 222, Cor. zu Theo. 5, Theo. 7]) und die damit verbundenen Schlußfolgerungen.

Satz 2.7.2 *Ein Punkt $(\bar{x}, \bar{u}) \in Z \times \mathbb{R}^m$ ist genau dann ein Sattelpunkt von P, wenn $\bar{x}$ das Ressourcen-Allokationsproblem P, $\bar{u}$ das duale Problem D löst und wenn die Zielfunktionswerte der beiden Probleme übereinstimmen*

$$F(\bar{x}) = G(\bar{u}).$$

Existiert ein Sattelpunkt, so stellen Lösungen $\bar{u}$ des dualen Problems geeignete Verrechnungspreise zur Koordination der Teilplanungsprobleme dar (vgl.

die Sätze 2.7.2, 2.4.4, 2.4.3 und 2.4.1)

$$G(\bar{u}) = \inf_{u \in \boldsymbol{R}^m} G(u).$$

Allerdings wird bei der Bestimmung einer Lösung des dualen Problems - unter der Existenzvoraussetzung eines Sattelpunktes - gleichzeitig auch eine Lösung des Ressourcen-Allokationsproblems mitbestimmt. Geeignete Verrechnungspreise liegen somit erst vor, wenn sie nicht mehr benötigt werden, weil das Ausgangsproblem schon gelöst worden ist. Man spricht vom *Dilemma der pretialen Lenkung.*

Als ein Ausweg aus diesem Dilemma werden iterative Verfahren gesehen, die einen Kommunikationsprozeß zwischen Unternehmensleitung und Stellenleitung widerspiegeln. Wird dazu das modifizierte Ressourcen-Allokationsproblem P' betrachtet

$$\begin{aligned} G(u) &= \sup_{x \in Z} L(x, u) \\ &= \sum_{i=1}^{k} \sup_{x^i \in Z^i} L^i(x^i, u), \end{aligned}$$

so sieht ein mögliches Iterationverfahren zur Berechnung wie folgt aus

1. Die Unternehmensleitung gibt den einzelnen Stellen Verrechnungspreise $\bar{u} \in R^m$ vor.
2. Die Stellen ermitteln auf dieser Grundlage ihre optimalen Stellenentscheidungen $\bar{x}^i$

$$P_i'(\bar{u}) := \sup \left\{ L^i(x^i, \bar{u}) \mid x^i \in Z^i \right\}$$

   und (bzw. oder) geben diese sowie ihren damit erzielten Stellenerfolg $L^i(\bar{x}^i, \bar{u})$ an die Zentrale weiter.
3. Die Unternehmensleitung berechnet daraus den Gesamterfolg

$$G(\bar{u}) := \sum_{i=1}^{k} L^i(\bar{x}^i, \bar{u})$$

   und gibt neue Verrechnungspreise vor, so daß sich der Wert von $G(u)$ erniedrigt.
4. Der Dialog zwischen Zentrale und Stellen wird beginnend mit Schritt 2 fortgesetzt. Das Verfahren endet, wenn $G(u)$ minimal ist.

Abb. 4: **Ein Preisanpassungsprozeß zwischen Unternehmens- und Stellenleitung**

Falls diese Vorgehensweise mit $(\bar{x}, \bar{u})$ terminiert, so folgt unter der Annahme eines Sattelpunktes, daß die Strategien $\bar{x} := (\bar{x}^1, \ldots, \bar{x}^k)$ das modifizierte Ressourcen-Allokationsproblem P' mit den dazugehörigen Verrechnungspreisen $\bar{u}$ löst.

Zur Lösung von Schritt 3 wurden verschiedene Verfahren entwickelt und vorgeschlagen. Für den Fall, daß die Auszahlungs- und die Ressourcenfunktionen linear sind, wurde das gleichnamige Verfahren von *Dantzig/Wolfe* [1960, 1961] entwickelt, das von *Baumol/Fabian* [1964] auf die Verrechnungspreisproblematik angewandt worden ist (vgl. Abschnitt 1.3). Für allgemeinere Strukturen wird oftmals das klassische Gradientenverfahren verwendet (vgl. etwa *Lasdon* [1973, S. 225 ff.]),[13] oder andere Verfahren zur Lösung dualer Probleme (vgl. etwa *Bazaraa/Shetty* [1979, S. 196 ff.], *Horst* [1979, S. 259 ff.])

[13]Vgl. zur Konvergenz des klassischen Gradientenverfahren etwa *Blum/Oettli* [1975, S. 167 f.] bzw. *Horst* [1979, S. 91 f.].

Ein Preisanpassungsprozeß für das Grundmodell Im folgenden wird solch ein Preisanpassungsprozeß auf das Grundmodell übertragen: Dazu wird zunächst das zu dem Gesamtplanungsproblem E^{max} gehörende duale Problem formuliert. Die duale Zielfunktion $G(u)$ ergibt sich als Summe der maximalen Stellenerfolge bei vorgegebenen Verrechnungspreisen u

$$\begin{aligned} G(u) &: Y \times X \times D \times \mathbb{R}^n \to \mathbb{R} \\ G(u) &= \sup_{\substack{y \in Y, x \in X, \\ d \in D}} L(y, x, d, u) \\ &= \sum_{i=1}^{n} \sup_{\substack{x_i \in X_i \\ d_i \in D_i}} EJ_i(x_i, d_i, u) + \sum_{i=m+1}^{n} \sup_{y_i \in Y_i} EV_i(y_i, u). \end{aligned}$$

Das zu dem Gesamtplanungsproblem E^{max} gehörende duale Problem lautet damit

$$D = \inf \Big\{ G(u) \mid u \in \mathbb{R}^n \Big\}.$$

Die Unternehmensleitung gibt als koordinierende Instanz Verrechnungspreise u vor und erhält damit einen Gesamterfolg in Höhe von $G(u)$. Werden die Verrechnungspreise gemäß dem zu dem Gesamtplanungsproblem E^{max} dualen Problem bestimmt, so liefern unter gewissen Voraussetzungen dezentrale Stellenentscheidungen eine optimale Gesamtunternehmensentscheidung. Folgender Satz in Anlehnung an *Hellwig* [1989, S. 528 f.] präzisiert dies

Satz 2.7.3 *Sind die Verbrauchsfunktionen*

$$a_{ji}(d_i), \qquad i, j = 1, \ldots, n$$

konvex und stetig auf D_i ($i = 1, \ldots, n$) sowie die Direktbedarfsmatrizen $A(d)$ für alle Intensitäten $d \in D$ produktiv. Sind weiter für beliebige Verrechnungspreise $u \in \mathbb{R}^n_+$ die Partialmodelle $EV_i^{max}(\cdot)$ ($i = m+1, \ldots, n$) lösbar. Ist $\bar{u}$ Lösung des dualen Problems und $(\bar{y}, \bar{x}, \bar{d})$ die bei Vorliegen der Verrechnungspreise $\bar{u}$ optimalen Stellenstrategien, so ist $(\bar{y}, \bar{x}, \bar{d})$ eine Lösung von E^{max}. Weiter gilt

$$G(\bar{u}) = E^{max}.$$

Beweis Unter den Voraussetzungen des „Existenzsatzes" 2.6.2 und des „Verrechnungspreisstruktursatzes" 2.5.1 existieren Verrechnungspreise, so daß Lösungen der Teilplanungsprobleme $EJ_i^{max}(\cdot)$ und $EV_i^{max}(\cdot)$ die Bilanzgleichungen erfüllen. Dies entspricht den zu E^{max} gehörenden Kuhn-Tucker Bedingungen, die eine eineindeutige Charakterisierung des Sattelpunktes der zu E^{max} gehörenden Lagrangefunktion darstellen. Satz 2.7.2 liefert schließlich die Behauptung. □

Bei Bestimmung der Verrechnungspreise werden, wie der oben dargestellte Satz zeigt, die optimalen Bereichsstrategien als eine Art Nebenprodukt mitbestimmt (*Dilemma der pretialen Lenkung*). Analog zu dem vorgestellten Verfahren des vorangegangenen Unterabschnitts können die Verrechnungspreise (und damit auch gleichzeitig die optimalen Bereichsstrategien) über einen Preisanpassungsprozeß bestimmt werden.

2.7.4 Näherungslösungen

Bei häufiger Neuplanung ist eine jeweilige Bestimmung von Lösungen $(\bar{u}, \bar{d})$ der Verrechnungspreisstruktur oftmals zu aufwendig, weshalb diese Daten durch Schätzungen oft nur näherungsweise bestimmt werden. Der folgende Unterabschnitt beschäftigt sich mit Abschätzungen bei Verwendung von Näherungslösungen - für Verrechnungspreise und für die Intensitäten. Die geschätzten Daten werden dabei jeweils mit einem hochgestellten Dach kenntlich gemacht.

Verrechnungspreise Die Unternehmensleitung gibt den einzelnen Stellen geschätzte Verrechnungspreise $\hat{u} \in I\!R_+^n$ vor, mit denen die Veräußerungsstellen die optimalen Veräußerungsmengen $\hat{y}_i \in Y_i$ mittels ihrer Teilplanungsprobleme $EV_i^{max}(\cdot)$ bestimmen. Ausgehend von den geschätzten Verrechnungspreisen werden die stückkostenminimalen Intensitäten $\hat{d}_i \in D_i$ wie folgt bestimmt

$$\min_{d_i \in D_i} \Big[\sum_{j=1}^{n} a_{ji}(d_i)\hat{u}_j + k_i\Big], \quad i = 1, \dots, m$$
$$\min_{d_i \in D_i} \Big[\sum_{j=1}^{n} a_{ji}(d_i)\hat{u}_j\Big], \quad i = m+1, \dots, n.$$

Die Unternehmensleitung erhält schließlich die benötigten Gesamtleistungen $\hat{x}_i \in R_+$ der jeweiligen Stellen aus den Bilanzgleichungen

$$\hat{x} = \left[E - A(\hat{d})\right]^{-1} \hat{y}.$$

Mit den geschätzten Verrechnungspreisen und den nach dem oben beschriebenen Verfahren bestimmten optimalen Veräußerungsmengen $\hat{y}_i$, Gesamtleistungsmengen $\hat{x}_i$ und stückminimalen Intensitäten $\hat{d}_i$ kann der maximal zu erzielende Gesamterfolg E^{max} abgeschätzt werden (vgl. *Hellwig* [1989, S. 529]).

Satz 2.7.4 *Ist E^{max} der maximal erzielbare Gesamterfolg und sind $(\hat{y}, \hat{x}, \hat{d})$ die oben dargestellten Parameter, dann gilt unter der Voraussetzung der Existenz der Parameter folgende Abschätzung*

$$E^{max} \leq E(\hat{y}, \hat{x}, \hat{d}) + \delta, \qquad mit\ \delta = \sum_{i=1}^{n} \left(EJ_i^{max}(\hat{u}) - EJ_i(\hat{x}_i, \hat{d}_i, \hat{u})\right).$$

Beweis in Anlehnung an *Hellwig* [1989, S. 529]. Ist $\tilde{x}_i$ die optimale Gesamtstellenleistung, d. h.

$$\max_{x_i \geq 0} EJ_i(x_i, \hat{d}_i, \hat{u}) = EJ_i(\tilde{x}_i, \hat{d}_i, \hat{u}),$$

dann ist $(\hat{y}, \bar{x}, \hat{d})$ Maximalstelle der Lagrangefunktion $L(\cdot, \hat{u})$ und deshalb gilt nach dem schwachen Dualitätssatz

$$\begin{aligned}
&E^{max} \\
&\leq L(\hat{y}, \tilde{x}, \hat{d}, \hat{f}, \hat{u}) \\
&= \sum_{i=1}^{n} EJ_i(\tilde{x}_i, \hat{d}_i, \hat{u}) + \sum_{i=m+1}^{n} EV_i(\hat{y}_i, \hat{u}) \\
&= \sum_{i=1}^{n} EJ_i(\hat{x}_i, \hat{d}_i, \hat{u}) + \sum_{i=m+1}^{n} EV_i(\hat{y}_i, \hat{u}) + \sum_{i=1}^{n} \left(EJ_i^{max}(\hat{u}) - EJ_i(\hat{x}_i, \hat{d}_i, \hat{u})\right) \\
&= \sum_{i=1}^{n} EJ_i(\hat{x}_i, \hat{d}_i, \hat{u}) + \sum_{i=m+1}^{n} EV_i(\hat{y}_i, \hat{u}) + \delta \\
&= L(\hat{y}, \hat{x}, \hat{d}, \hat{u}) + \delta \\
&= E(\hat{y}, \hat{x}, \hat{d}) + \delta.
\end{aligned}$$

Dabei wird bei der letzten Umformung berücksichtigt, daß die Parameter $(\hat{y}, \hat{x}, \hat{d})$ nach Konstruktion die Bilanzgleichungen erfüllen. □

Der maximale erzielbare Gesamterfolg E^{max} kann im Vergleich zu dem durch die geschätzten Verrechnungspreisen erzielten Gesamterfolg $E(\hat{y}, \hat{x}, \hat{d})$ höchstens um den Wert δ höher sein. Der Wert δ gibt den Betrag an, der verloren geht, da anstelle der optimalen Gesamtleistungen $\tilde{x}$ die angepaßten Gesamtleistungen $\hat{x}$ gewählt wurden.

Die Intensitäten In diesem Fall werden die Intensitäten $\hat{d}_i$ als näherungsweise bekannt vorausgesetzt. Damit können über die Verrechnungspreisstruktur

$$\begin{aligned} \hat{u}_i &= \sum_{j=1}^{n} a_{ji}(\hat{d}_i)\hat{u}_j + k_i, \qquad & i = 1, \ldots, m \\ \hat{u}_i &= \sum_{j=1}^{n} a_{ji}(\hat{d}_i)\hat{u}_j, \qquad & i = m+1, \ldots, n \end{aligned}$$

näherungsweise optimale Verrechnungspreise $\hat{u}$ bestimmt werden. Mit Hilfe dieser Verrechnungspreise können von der Beschaffungsstelle i optimale Veräußerungsmengen $\hat{y}_i$ durch das entsprechende Teilplanungsproblem bestimmt werden. Abschließend werden die optimalen Gesamtstellenleistungen $\hat{x}$ wieder über die Bilanzgleichungen ermittelt. Für dieses Vorgehen gilt folgende Abschätzung in Anlehnung an *Hellwig* [1989, S. 529]

Satz 2.7.5 *Ist E^{max} der maximal erzielbare Gesamterfolg und sind $(\hat{y}, \hat{x}, \hat{d})$ die oben dargestellten Parameter, dann gilt unter der Voraussetzung der Existenz der Parameter folgende Abschätzung*

$$E^{max} \leq E(\hat{y}, \hat{x}, \hat{d}) + \delta, \qquad \textit{mit } \delta = \sum_{i=1}^{n} \Big(EJ_i^{max}(\hat{u}) - EJ_i(\hat{x}_i, \hat{d}_i, \hat{u}) \Big).$$

Beweis Wird im vorangegangenen Beweis $(\hat{y}, \tilde{x}, \hat{d})$ durch $(\hat{y}, \tilde{x}, \tilde{d})$ ersetzt, wobei

$$\max_{x_i \in X_i, d_i \in D_i} EJ_i(x_i, d_i, \hat{u}) := EJ_i(\tilde{x}_i, \tilde{d}_i, \hat{u})$$

gilt, so ergibt sich die Behauptung. □

In diesem Fall ergibt sich wiederum die gleiche Interpretation wie im vorangegangenen Satz: Der maximal erzielbare Gesamterfolg E^{max} kann im Vergleich zu dem nach dem oben beschriebenen Vorgehen näherungsweisen bestimmten Gesamterfolg $E(\hat{y}, \hat{x}, \hat{d})$ höchstens um den Wert δ größer sein. Der Wert δ gibt den Betrag an, der verloren geht, weil anstelle der optimalen Gesamtleistungen $\tilde{x}$ die angepaßten Gesamtleistungen $\hat{x}$ gewählt wurden.

Kapitel 3

Berücksichtigung des Zeitaspektes

3.1 Problemstellung und Vorgehensweise

Ausgangspunkt weiterer Untersuchungen ist das im vorangegangenen Kapitel dargestellte Grundmodell von *Hellwig* [1989]. Dabei wurde zunächst ein integriertes Gesamtplanungsproblem auf Basis einer Produktionsfunktion vom Typ *D* unter Berücksichtigung intensitätsmäßiger Anpassungsmaßnahmen ohne mengenmäßige Beschränkungen formuliert. Dieses wurde entsprechend den vorherrschenden Beschaffungs-, Produktions- und Veräußerungsstellen in Teilplanungsprobleme zerlegt, die über Verrechnungspreise miteinander koordiniert wurden. Der Kern des vorangegangenen Kapitels bildete eine Charakterisierung der Verrechnungspreise durch ein „erweitertes Gleichungsverfahren".

Dieser „Lenkpreiszugang" zum Gleichungsverfahren mit Hilfe der dualen Dekomposition soll für weitere Untersuchungen unter Berücksichtigung des Zeitaspektes benützt werden.[1] Der Zeitaspekt als wichtige Determinante der Pro-

[1] Oftmals werden Arbeiten basierend auf linearen Strukturen wie etwa die Arbeiten von *Dantzig/Wolfe* [1960, 1961], *Baumol/Fabian* [1964] oder *Jennergren* [1971, 1972, 1973, 1974] zur Untersuchung zeitlicher Aspekte bei der Verrechnungspreisbildung herangezogen (vgl. hierzu *Trautmann* [1981, S. 26-70]).

duktion wird durch die zusätzliche Möglichkeit der Lagerhaltung und durch eine Berücksichtigung technischer Entwicklungsmöglichkeiten in das Grundmodell eingeführt. Das folgende dynamische Modell kann wie folgt in die Klassifikation von *Frese/Glaser* [1980] eingeordnet werden

- mittelfristige Zielsetzung (1.1)
- Kostenverläufe linear (2.1)
- Erlösverläufe nicht-linear (3.2)
- Interdependenzen aufgrund innerbetrieblicher Leistungsverflechtungen (4.1)
- keine Engpässe (5.1)
- kein externer Markt (6.1)
- Modalitäten der Arbeitsteilung
  - Zentrale legt Höhe der Lenkpreise fest (7.1)
  - Zentrale legt Lenkpreise unter Rückgriff auf die Informationskapazität der zu koordinierenden Einheiten fest (7.3)

Abb. 5: **Einordnung des dynamischen Lenkpreismodells innerhalb der Klassifikation von *Frese/Glaser* [1980]**

Versucht man durch Einführung entsprechender Zustandsvariablen für die Lagerhaltung diese Erweiterungsmöglichkeit auf das statische Grundmodell zurückzuführen, so können Beispiele gefunden werden, bei denen solch eine Vorgehensweise zu unzulässigen Lösungen führt. Zur Umgehung dieser Problematik werden Beschaffungs- bzw. Produktionsstellen mit den entsprechenden Lagerhaltungsstellen zusammengefaßt. Bei solch einer Vorgehensweise müssen die Lagerhaltungsentscheidungen der einzelnen Stellen simultan zu den entsprechenden Beschaffungs- bzw. Produktionsentscheidungen mitberücksichtigt werden. Sie können nicht von diesen separiert werden.

Diese Vorgehensweise ermöglicht eine Charakterisierung geeigneter Verrechnungspreise, die als dynamische Erweiterung des Gleichungsverfahrens interpretiert werden kann. Ohne Berücksichtung der Lagerhaltung erhält man eine zu dem Grundmodell analoge Verrechnungspreisstruktur, und ohne die Berücksichtigung intensitätsmäßiger Anpassungsmaßnahmen ergibt sich das bekannte Gleichungsverfahren.

Vorgehensweise In Abschnitt 3.2 wird zunächst ein dynamisches Gesamtplanungsproblem zur zentralen Produktions- und Absatzplanung formuliert. Dabei werden die innerhalb des Gesamtunternehmens herrschenden innerbetrieblichen Leistungsverflechtungen mit einer Produktionsfunktion vom Typ E einer offenen Produktion ohne mengenmäßige Beschränkungen modelliert.

Darauf aufbauend wird in Abschnitt 3.3 die Frage hinsichtlich der (Kosten-) Stellenaufteilung diskutiert. Kernaussage des Abschnittes ist, daß eine Zerlegung des Gesamtplanungsproblems entsprechend den vorherrschenden Produktions-, Beschaffungs-, Lagerhaltungs- und Veräußerungsstellen und eine damit verbundene Übertragung der statischen Verrechnungspreisbildung zu unzulässigen Lösungen führen kann. Zur Vermeidung dieser Problematik werden die Beschaffungs- bzw. Produktionsstellen mit den entsprechenden Lagerhaltungsstellen zusammengelegt.

Vor dem Hintergrund der beiden vorangegangenen Abschnitte wird in Abschnitt 3.4 die Koordination dezentraler Produktions- und Absatzentscheidungen zu einer optimalen Gesamtunternehmensentscheidung durch Übertragung des aus Abschnitt 2.4 bekannten Koordinationsmechanismus für das modifizierte Ressourcen-Allokationsproblem untersucht, wodurch eine Charakterisierung geeigneter Verrechnungspreise durch ein „dynamisches Gleichungsverfahren" ermöglicht wird.

Abschnitt 3.5 untersucht Lösungen der in Abschnitt 3.4 gewonnenen Verrechnungspreisstruktur bei linearen und einfach-zusammenhängenden Produktionsstrukturen hinsichtlich Existenz und Berechnung. Als Hauptergebnis des Abschnittes kann ein „dynamisches Stufenleiterverfahren" angesehen werden, welches neben einem Existenznachweis eine einfache rekursive Berechnung von Verrechnungspreisen ermöglicht.

In Abschnitt 3.6 werden Verrechnungspreise bei komplexen Produktionsstrukturen auf Eigenschaften und Existenz hin untersucht. Das zentrale Ergebnis stellt der dabei gewonnene Existenzbeweis dar.

In Abschnitt 3.7 wird ein Weg zur Berechnung von Verrechnungspreisen durch einen Preisanpassungsprozeß vorgestellt. Dazu wird der Preisanpassungsprozeß des modifizierten Ressourcen-Allokationsproblems aus Abschnitt 2.7 auf den dynamischen Fall übertragen. Weiter werden in diesem Abschnitt Abschätzungen bei Verwendung von Näherungslösungen vorgestellt. Kritik und Ausblick schließen das Kapitel ab.

3.2 Dynamische zentrale Produktions- und Absatzplanung

Eine zentrale Planung dynamischer Produktions- und Absatzentscheidungen erfolgt in der Modellebene mit Hilfe eines integrierten Gesamtplanungsproblems. Dieses ermittelt einen optimalen Produktions- und Absatzprogrammplan durch Maximierung des (zu einem Referenzzeitpunkt) abdiskontierten Gesamterfolgs unter Berücksichtigung der zugrundeliegenden dynamischen Produktionsprozesse. Ausgangspunkt des Gesamtplanungsproblems stellen daher die Produktionsprozesse dar, die in Unterabschnitt 3.2.1 modelliert werden. Anschließend wird in Unterabschnitt 3.2.2 der zur Formulierung des Gesamtplanungsproblems benötigte Erlös- und Kostenverlauf vorgestellt. Dies ermöglicht abschließend in Unterabschnitt 3.2.3 eine Modellierung des Gesamtplanungsproblems.

3.2.1 Die zugrundeliegenden Produktionsprozesse

Innerhalb des Grundmodells wurde der wechselseitige Leistungsaustausch der einzelnen Stellen durch eine Produktionsfunktion vom Typ D nach *Klook* [1969] beschrieben. Eine Erweiterung stellen Produktionsfunktionen vom Typ

E nach *Küpper* [1979] dar, die neben mengenmäßigen Verflechtungen von Produktionsprozessen auch die Zeitstruktur einzelner Produktionsprozesse abbilden. Dieser neue Aspekt wird durch Bildung diskreter Zeitpunkte $t = 1, \ldots, T$ in das *Produktionsmengenmodell* integriert.

Es wird wiederum ein Unternehmen, bestehend aus m Beschaffungs-, $n-m$ Produktionsstellen und $n-m$ dazugehörenden Veräußerungsstellen, betrachtet. Jede Stelle erzeugt eine homogene Leistung, die an andere Stellen geliefert und bzw. oder veräußert werden kann. Ferner besteht für intern erzeugte Leistungen die Möglichkeit der Lagerhaltung und der intensitätsmäßigen Anpassung.

Für jede Stelle wird eine Mengengleichung formuliert. Diese sagt aus, daß die interne Leistung x_i^t der Stelle i zur Deckung des Bedarfes anderer Stellen, zur Veräußerung oder zur Änderung des Lagerbestandes verwendet wird. Bezeichnet x_i^t $(i = 1, \ldots, n)$ die intern erbrachte, y_i^t $(i = m+1, \ldots, n)$ die veräußerte Leistungsmenge und z_i^t $(i = 1, \ldots, n)$ den Lagerbestand der Stelle i zum Zeitpunkt t, so gelten folgende dynamische Lieferbeziehungen

$$\begin{aligned} x_i^t &= \sum_{j=1}^{n} r_{ij}^t(\cdot) + z_i^t - z_i^{t-1}, & i &= 1, \ldots, m \\ x_i^t &= \sum_{j=1}^{n} r_{ij}^t(\cdot) + y_i^t + z_i^t - z_i^{t-1}, & i &= m+1, \ldots, n. \end{aligned}$$

Dabei drückt die Funktion $r_{ij}^t(\cdot)$ in allgemeiner Form eine Zuordnung der Leistungsmenge von Stelle i zur Stelle j aus und wird daher als *Transformationsfunktion* bezeichnet. Neben der Lagerbestandsänderung ist sie maßgebend für die zeitliche Struktur der durch die Produktionsfunktion dargestellten Produktionsprozesse.

Küpper [1979, S. 97 ff.] formuliert aufgrund verschiedener Transformationsfunktionen drei Typen dynamischer Produktionsfunktionen.[2] Erfolgt die Weitergabe einer Leistungseinheit einer Stelle an eine andere Stelle unmittelbar nach ihrer Erstellung, so spricht man von einer *offenen* Produktion. Man

[2]Vgl. hierzu etwa *Heinen* [1983, S. 352], *Troßmann* [1983], *Wohltmann/Roski* [1985], *Fandel* [1991a, S. 217 ff.], *May* [1991].

erhält folgende Transformationsfunktionen vom *Typ I*

$$r_{ij}^t = \tilde{a}_{ij}(\cdot)x_j^t,$$

wobei $a_{ij}(\cdot)$ ein nicht näher spezifizierter Produktionskoeffizient ist, der von verschiedenen Einflußfaktoren abhängt. Ist die Intervalldauer gegenüber der Fertigungszeit je Stück verhältnismäßig groß, so kann Typ I als näherungsweise Abbildung der offenen Produktion angesehen werden.

Bei *geschlossener Produktion* werden die internen Leistungen insgesamt erst weitergegeben, nachdem die Leistungserbringung an allen zugehörigen Stellen abgeschlossen ist. Die gesamte Leistungsmenge x_j wird erst zum Zeitpunkt $t+1$ fertiggestellt. Die Transformationsfunktionen des *Typs II* beschreiben diesen Sachverhalt

$$r_{ij}^t = \tilde{a}_{ij}(\cdot)x_j^{t+1},$$

wobei $\tilde{a}_{ij}(\cdot)$ wiederum ein nicht näher spezifizierter Produktionskoeffizient ist.

Wird von unterschiedlichen Verweilzeiten d innerhalb des Produktionsprozesses ausgegangen, so wird dies durch *Typ III* beschrieben. Beträgt die kürzeste Verweilzeit 0 Intervalle, die längste Verweilzeit D Intervalle, so ergeben sich folgende Transformationsfunktionen

$$r_{ij}^t = \sum_{d=0}^{D} \tilde{a}_{ij}^d(\cdot)x_j^{t+d}, \quad D \leq T-t.$$

Dabei ist $\tilde{a}_{ji}^d(\cdot)$ ein nicht weiter spezifizierter Produktionskoeffizient bei Verweildauer d.

Für die Modellierung des dynamischen Falls werden im folgenden Zeitintervalle von solch einer Größenordnung angenommen, daß die Verweilzeit demgegenüber approximativ als Null angenommen werden kann und eine offene Produktion vorliegt. Weiter wird die Möglichkeit, technische Entwicklungen in der Modellierung zu erfassen, mitberücksichtigt. Dazu werden die Auswirkungen technischer Entwicklungen auf die Transformationsfunktionen mit Diagonalmatrizen erfaßt. Zur Vereinfachung der Notation werden die Transformationsfunktionen unterschiedlicher Zeit- und Entwicklungspunkte mit einem hochgestellten Zeitindex versehen. Eine genauere Darstellung hierzu liefert etwa *May* [1991, S. 104 ff.].

Setzt man die Transformationsfunktionen vom Typ I in die Mengengleichungen ein, so erhält man bei Verwendung der aus dem vorangegangenen Kapitel verwendeten Verbrauchsfunktionen $a_{ji}^t(d_j^t)$ folgende *dynamische Bilanzgleichungen bei offener Produktion* zum Zeitpunkt $t = 1, \ldots, T$

$$\begin{aligned} x_i^t &= \sum_{j=1}^n a_{ij}^t(d_j^t)x_j^t + z_i^t - z_i^{t-1}, & i &= 1, \ldots, m \\ x_i^t &= \sum_{j=1}^n a_{ij}^t(d_j^t)x_j^t + y_i^t + z_i^t - z_i^{t-1}, & i &= m+1, \ldots, n. \end{aligned}$$

Die Verbrauchsfunktion $a_{ji}^t(d_i^t)$ beschreibt die zur Herstellung einer Leistungseinheit der Stelle j in Abhängigkeit von deren Intensität d_i^t benötigten Leistungseinheiten der Stelle i zur Zeit t. Dabei können sich die Verbrauchsfunktionen über die Zeit hin ändern.

Beschränkungen Im Grundmodell wurde davon ausgegangen, daß keine mengenmäßigen Beschränkungen vorliegen. Diese Annahme wird auf den dynamischen Fall übertragen, d. h. sowohl die Erzeugung interner Leistungen als auch die Möglichkeit der Lagerhaltung ist zu jedem Zeitpunkt unbeschränkt möglich.[3] Weiter ist zum Anfangszeitpunkt noch kein Lagerbestand vorhanden. Und außerdem nehmen alle Variablen - wie etwa interne Leistungsmengen, Lagerbestandsmengen, Veräußerungsmengen sowie die Intensitäten - keine negativen Werte an. Außerdem besteht für die Veräußerungsmengen Absatzbeschränkungen. Insgesamt ergeben sich folgende *(dynamische) Variablenbeschränkungen*

$$\begin{aligned} x_i^t &\geq 0, & i &= 1, \ldots, n, & t &= 1, \ldots, T \\ y_i^t &\in Y_i^t, & i &= m+1, \ldots, n, & t &= 1, \ldots, T \\ z_i^0 &= 0, & i &= 1, \ldots, n, & & \\ z_i^t &\geq 0, & i &= 1, \ldots, n, & t &= 1, \ldots, T \\ d_i^t &\in D_i^t, & i &= 1, \ldots, n, & t &= 1, \ldots, T, \end{aligned}$$

[3] In Abschnitt 3.8 wird die Möglichkeit, mengenmäßige Beschränkungen in das Modell zu integrieren, diskutiert.

dabei sind die Mengen Y_i^t und D_i^t kompakt. Die Variablenbeschränkungen müssen zusätzlich zu den Bilanzgleichungen des dynamischen Input-Output-Ansatzes der offenen Produktion gelten.

3.2.2 Erlös- und Kostenverläufe

Das betrachtete Unternehmen verhält sich als Preisnehmer in einer Welt der Sicherheit, d. h. das Unternehmen nimmt Erlöse und Preise als exogen gegebene Variable zu jedem Zeitpunkt als bekannt hin und kann diese durch entsprechende Unternehmensentscheidungen nicht verändern. Unter dieser Voraussetzung läßt sich je nach Unternehmenspolitik in Form von Kauf, Veräußerung, Erbringung interner Leistungen und Lagerhaltung ein sicherer Zahlungsstrom generieren.

Zur Vergleichbarkeit von Zahlungsströmen in den verschiedenen Zeitpunkten werden diese mit intern vorgegebenen Zinsen abdiskontiert. Die Zinsen stammen dabei von einer innerhalb des Unternehmens bereits vorgenommenen Investitions- und Finanzplanung.[4]

Dazu bezeichnet $e_i^t(y_i^t)$ den Erlös von Veräußerungsstelle i bei einer Veräußerungsmenge in Höhe von y_i^t, k_i^t die Rohstoffstückkosten und L_i^t die Lagerhaltungsstückkosten von Stelle i jeweils zur Zeit t. Weiter ist i_τ der zur Zeit τ intern vorgegebene Zins, so ergibt sich mit den Abdiskontierungsfaktoren

$$q_1 := 1, \qquad q_t := \prod_{\tau=2}^{t} \frac{1}{1+i_\tau}, \quad t = 2, \ldots, T$$

der abdiskontierte Gesamterfolg zum Referenzzeitpunkt $\tau = 1$ wie folgt

$$E(x,y,z) := \sum_{t=1}^{T} q_t \Big(\sum_{i=m+1}^{n} e_i^t(y_i^t) - \sum_{i=1}^{m} k_i^t x_i^t - \sum_{i=1}^{n} L_i^t z_i^t \Big).$$

Zur Vereinfachung der weiteren Notation werden die exogen gegebenen Abdiskontierungsfaktoren, die die Funktion von Konstanten aufweisen, nicht

[4]Vgl. zu Investitions- und Finanzierungsentscheidungen etwa *Hering* [1995, S. 67 ff.].

weiter betrachtet und daher zu allen Zeitpunkten o. B. d. A. auf den Wert Eins gesetzt.

3.2.3 Das Gesamtplanungsproblem

Mit diesen Überlegungen kann ein Gesamtplanungsproblem zur zentralen Produktions- und Absatzplanung unter Berücksichtigung des Zeitaspektes formuliert werden. Dabei werden die Lieferbeziehungen innerhalb des Unternehms mittels der dynamischen Bilanzgleichungen unter Berücksichtigung der Variablenbeschränkungen beschrieben. Eine Bewertung der Produktionsprozesse erfolgt mit dem abdiskontierten Gesamterfolg. Insgesamt ergibt sich folgendes Gesamtplanungsproblem

$$E^{max} = \max\Big\{E(\cdot) \mid \begin{array}{l}\text{dynamische Bilanzgleichungen,}\\ \text{dynamische Variablenbeschränkungen}\end{array}\Big\}.$$

3.3 (Kosten-)Stellenbildung

Gegenstand dieses Abschnittes ist die Frage, wie bei einer dezentralen Planung die einzelnen (Kosten-)Stellen gebildet werden sollen. Im statischen Fall erfolgte eine dezentrale Planung durch Zerlegung des Gesamtplanungsproblems entsprechend der vorherrschenden Unternehmensstruktur in Teilplanungsprobleme für Beschaffungs-, Produktions- und Veräußerungsstellen. Überträgt man in Unterabschnitt 3.3.1 diese Vorgehensweise auf den dynamischen Fall und formuliert Teilplanungsprobleme entsprechend für Beschaffungs-, Produktions-, Veräußerungs- und Lagerhaltungsstellen und bestimmt Verrechnungspreise gemäß dem statischen Fall, so kann dies - wie ein Beispiel zeigt - zu unzulässigen Lösungen führen. Zur Vermeidung dieser Problematik werden in Unterabschnitt 3.3.2 Beschaffungs- bzw. Produktionsstellen mit den entsprechenden Lagerhaltungsstellen zusammengefaßt. Auf Basis dieser zusammengesetzten Stellen können im folgenden Abschnitt entsprechende Verrechnungspreise bestimmt werden.

3.3.1 Einzelaufteilung

Das betrachtete Gesamtunternehmen besteht aus m Beschaffungs-, $n-m$ Produktions-, $n-m$ Veräußerungsstellen und n Lagerstellen. Entsprechend dieser vorherrschenden Unternehmensstruktur werden im folgenden Teilplanungsprobleme auf der Basis von Verrechnungspreisen für die ausgetauschten Leistungen formuliert. Hierzu bezeichnet u_i^t den Verrechnungspreis für eine Leistungseinheit der Stelle i zum Zeitpunkt t.

Die Beschaffungsstelle $i = 1, \ldots, m$ gibt zur Zeit t eine Gesamtstellenleistung x_i^t an andere Stellen ab und erzielt damit einen Erfolg in Höhe von $u_i^t x_i^t$. Bei der Erzeugung interner Leistungen entstehen Kosten, bewertet mit den entsprechenden Verrechnungspreisen durch Leistungsbezug von anderen Stellen in Höhe von $\sum_{i=1}^{n} a_{ji}^t(d_i^t) u_j^t x_i^t$. Weiter kommen Rohstoffkosten in Höhe von $k_i^t x_i^t$ hinzu. Abgesehen von den Rohstoffstückkosten ergibt sich der Stellenerfolg $EJ_i(\cdot)$ der Produktionsstelle $i = m+1, \ldots, n$ analog

$$EJ_i(x_i, d_i, u) = \begin{cases} \sum\limits_{t=1}^{T} \left[u_i^t - \sum\limits_{j=1}^{n} a_{ji}^t(d_i^t) u_j^t - k_i^t\right] x_i^t, & i = 1, \ldots, m \\ \sum\limits_{t=1}^{T} \left[u_i^t - \sum\limits_{j=1}^{n} a_{ji}^t(d_i^t) u_j^t\right] x_i^t, & i = m+1, \ldots, n. \end{cases}$$

Der Stellenerfolg $EL_i(\cdot)$ der Lagerhaltungsstelle $i = 1, \ldots, n$ ergibt sich aus Lagerbestandsänderung $(z_i^{t-1} - z_i^t)$, bewertet mit dem entsprechenden Verrechnungspreis u_i^t, abzüglich der Lagerhaltungskosten $L_i^t z_i^t$

$$EL_i(z_i, u) = \sum_{t=1}^{T} \left[u_i^t \left(z_i^{t-1} - z_i^t\right) - L_i^t z_i^t\right], \quad i = 1, \ldots, n.$$

Ein Teil der erbrachten Leistungen wird nicht an andere Stellen weitergegeben, sondern extern veräußert, wodurch zum Zeitpunkt t ein Erlös in Höhe von $e_i^t(y_i^t)$ erzielt wird. Demgegenüber entstehen Kosten, bewertet mit dem entsprechenden Verrechnungspreis, in Höhe von $y_i^t u_i^t$. Der Stellenerfolg der Stelle i über alle Zeitpunkte t hinweg ergibt sich wie folgt

$$EV_i(y_i, u) = \sum_{t=1}^{T} \left[e_i^t(y_i^t) - u_i^t y_i^t\right], \quad i = m+1, \ldots, n.$$

Jede Beschaffungs-, Produktions-, Lagerhaltungs- und Veräußerungsstelle maximiert nach Vorgabe von Verrechnungspreisen $u \in R^{n \times T}$ ihren Stellenerfolg unter Berücksichtigung ihrer Beschränkungen. Dies wird durch die jeweiligen Teilplanungsprobleme

$$\begin{aligned} EJ_i^{\max}(u) &= \max\left\{ EJ_i(x_i, d_i, u) \mid x_i^t \geq 0,\ d_i^t \in D_i^t,\ t = 1, \ldots, T \right\} \\ EL_i^{\max}(u) &= \max\left\{ EL_i(z_i, u) \mid z_i^0 = 0,\ z_i^t \geq 0,\ t = 1, \ldots, T \right\} \\ EV_i^{\max}(u) &= \max\left\{ EV_i(y_i, u) \mid y_i^t \in Y_i^t,\ t = 1, \ldots, T \right\} \end{aligned}$$

beschrieben. Technisch gesehen ergeben sich die Teilplanungsprobleme durch eine entsprechende Zerlegung der Lagrangefunktion $L(\cdot)$ des Gesamtplanungsproblems $E^{\max}$ (vgl. Anhang A.2).

Werden analog zu dem vorangegangenen Kapitel die Verrechnungspreise über die Stellenerfolge der Beschaffungs- bzw. Produktionsstellen ermittelt, so kann dies zu unzulässigen Lösungen führen. Zur Verdeutlichung dieses Sachverhaltes wird das Vorgehen des vorangegangenen Kapitels kurz skizzenhaft auf den dynamischen Fall übertragen und anschließend durch ein Beispiel falsifiziert.

- Die Unternehmensleitung berechnet eine Lösung $(\bar{u}, \bar{d})$ aus der Verrechnungspreisstruktur (für alle Zeitpunkte $t = 1, \ldots, T$)

$$u_i^t = \min_{d_i^t \in D_i^t} \sum_{t=1}^{T} \left[\sum_{j=1}^{n} a_{ji}^t(d_i^t) u_j^t + k_i^t \right], \qquad i = 1, \ldots, m$$

$$u_i^t = \min_{d_i^t \in D_i^t} \sum_{t=1}^{T} \left[\sum_{j=1}^{n} a_{ji}^t(d_i^t) u_j^t \right], \qquad i = m+1, \ldots, n.$$

- Jede Lagerhaltungsstelle berechnet bei Vorgabe der Verrechnungspreise $\bar{u}$ ihre optimale Strategie $\bar{z}_i := (\bar{z}_i^1, \ldots, \bar{z}_i^T)$ aus dem dazugehörigen Teilplanungsproblem $EL_i^{\max}(\cdot)$ und jede Veräußerungsstelle ihre Veräußerungsstrategie $\bar{y}_i := (\bar{y}_i^1, \ldots, \bar{y}_i^T)$ entsprechend aus $EV_i^{\max}(\cdot)$.

- Anschließend werden die optimalen internen Leistungen $\bar{x}$ aus den dynamischen Bilanzgleichungen für alle Zeitpunkte $t = 1, \ldots, T$ bestimmt

$$x^t := \left[E - A^t(d^t)\right]^{-1} \left(z^t - z^{t-1} + y^t\right).$$

Abb. 6: **Übertragung der statischen Verrechnungspreisbildung auf das dynamische Modell**

Dieses Vorgehen kann bei Bestimmung der internen Leistungen $\bar{x}$ aus den dynamischen Bilanzgleichungen bei Lagerentnahmen ($z^t << z^{t-1}$) zu negativen und damit zu unzulässigen Lösungen führen. Dazu folgendes Beispiel

Beispiel 3.3.1 *Ein Unternehmen, bestehend aus einer Beschaffungs-, einer Produktions- und einer Veräußerungsstelle, wird über einen Zeitraum von zwei Perioden hinweg betrachtet. Die Lieferbeziehung zwischen den Stellen wird durch folgende Direktbedarfsmatrizen beschrieben*

$$A^t(d^t) = \begin{bmatrix} 0 & 1 \\ 0 & 0 \end{bmatrix}, \quad t = 1, 2.$$

Die Hauptdiagonalelemente der nichtnegativen Matrizen sind null, und daher sind nach Satz 2.2.1 die Matrizen produktiv. Weiter sind die Matrizen $A^t(d^t)$ konstant und damit konvex in D^t.

Ferner sind die Rohstoffstückkosten k_1^t, Lagerhaltungsstückkosten L_i^t und Er-

lösfunktion $e_2^t(y^t)$ *wie folgt gegeben*

$$\begin{array}{llll} k_1^1 = 3, & k_1^2 = 5, & e_2^t(y^t) = \left(y^t\right)^2, \quad 0 \le y^t \le 1, & t = 1,2 \\ L_i^1 = 1, & L_i^2 = 6, & i = 1,2. & \end{array}$$

Im folgenden werden die Verrechnungspreise, die optimalen Veräußerungsmengen, Lagerbestandsmengen und internen Leistungen nach dem oben skizzierten Verfahren bestimmt.

- *Die Unternehmensleitung bestimmt eine Lösung* $\bar{u}$ *aus der Verrechnungspreisstruktur*

$$\begin{array}{lcllc} \bar{u}_1^1 & = & k_1^1 & = & 3 \\ \bar{u}_2^1 & = & a_{12}^1(d_2^1)\bar{u}_1^1 & = & 3 \\ \bar{u}_1^2 & = & k_1^2 & = & 5 \\ \bar{u}_2^2 & = & a_{12}^2(d_2^2)\bar{u}_1^2 & = & 5. \end{array}$$

- *Die optimalen Veräußerungs- bzw. Lagerbestandsmengen werden von den jeweiligen Stellen anhand der Teilplanungsprobleme* $EV_2^{\max}(\bar{u})$ *und* $EL_i^{\max}(\bar{u})$ $(i = 1,2)$ *bestimmt*

$$EV_2^{\max}(\bar{u}) \left\{ \begin{array}{l} \left(\left(y^1\right)^2 - \bar{u}_2^1 y^1\right) + \left(\left(y^2\right)^2 - \bar{u}_2^2 y^2\right) \rightarrow \max\limits_{y} \\ \textit{Unter den Nebenbedingungen:} \\ y^t \;\in\; [0,1], \qquad t = 1,2 \end{array} \right.$$

$$EL_i^{\max}(\bar{u}) \left\{ \begin{array}{l} \left(\bar{u}_i^1\left(-z_i^1\right) - L_i^1 z_i^1 + \left(\bar{u}_i^2(z_i^1 - z_i^2\right) - L_i^2 z_i^2\right) \rightarrow \max\limits_{z_i} \\ \textit{Unter den Nebenbedingungen:} \\ z_i^t \;\ge\; 0, \qquad t = 1,2 \end{array} \right.$$

liefern die optimalen Veräußerungsmengen $\bar{y} = 0$ *und Lagerbestandsmengen* $\bar{z}_i^1 =$ *bel. und* $\bar{z}_i^2 = 1$. *Die Lagerhaltungsstellen wählen dabei* $z_i^1 = 1$ $(i = 1,2)$.

- *Die Unternehmensleitung bestimmt die internen Leistungen* $\bar{x}$ *aus den dynamischen Bilanzgleichungen*

$$\begin{array}{lcllr} x_1^1 & = & x_2^1 + z_1^1 & = & 2 \\ x_2^1 & = & y^1 + z_2^1 & = & 1 \\ x_1^2 & = & x_2^2 + z_1^2 - z_2^1 & = & -2 \\ x_2^2 & = & y^2 + z_2^2 - z_2^1 & = & -1. \end{array}$$

Dabei zeigt sich bei der Bestimmung der internen Leistungen, daß trotz der Produktivitätseigenschaft und Konvexität der Direktbedarfsmatrizen $A^t(d^t)$ dies zu negativen internen Leistungen $\bar{x}$ und damit zu unzuläsigen Lösungen führt.

3.3.2 Strukturelle Aufteilung

Einen Ausweg aus der Problematik stellt eine Zusammenfassung der Beschaffungs- bzw. Produktionsstellen mit den jeweiligen Lagerhaltungsstellen dar. In diesem Unterabschnitt werden die entsprechenden Stellen zusammengefaßt und die aus dieser „Neuorganisation" resultierenden Lieferbeziehungen durch neue dynamische Bilanzgleichungen dargestellt. Dies ermöglicht im folgenden Abschnitt eine Charakterisierung geeigneter Verrechnungspreise.

Dazu beschreibt die Variable $w_i^t := z_i^{t-1} + x_i^t$ den Gesamtstellenerfolg der zusammengefaßten Stelle i zur Zeit t und $f_i^t := z_i^{t-1}/w_i^t$ den Lagerhaltungsanteil an der Gesamtstellenleistung.[5] Der Gesamtstellenerfolg $EG_i(\cdot)$ ergibt sich dann als Summe der entsprechenden Stellenerfolge mit folgender Bezeichnung $R_i^{T+1}(f_i^{T+1}, w_i^{T+1}, u_i^T) := (u_i^T + L_i^T)f_i^{T+1}w_i^{T+1}$ (vgl. zur Berechnung Anhang A.2) wie folgt

$$\begin{aligned} & EG_i(w_i, d_i, f_i, u) \\ = \; & EJ_i(x_i, d_i, u) + EL_i(z_i, u) \\ = \; & \begin{cases} \sum\limits_{t=1}^{T} \left[u_i^t - \sum\limits_{j=1}^{n} \left(a_{ji}^t(d_i^t)u_j^t - k_i^t\right)\left(1 - f_i^t\right) - \left(u_i^{t-1} + L_i^{t-1}\right)f_i^t\right]w_i^t - R_i^{T+1}(\cdot) \\ \text{mit } k_i^t = 0, \; t = 1, \ldots, T, \; i = m+1, \ldots, n. \end{cases} \end{aligned}$$

Die Gesamtstelle $i = 1, \ldots, n$ maximiert nach Vorgabe von Verrechnungs-

[5] Mit $f_i^t = 0$ (falls $w_i^t = 0$ gilt), $f_i^1 = 0$ (da kein Anfangslagerbestand vorliegt) und $w_i^{T+1} := z_i^T$. Weiter werden folgende Abkürzungen verwendet

$$\begin{aligned} w^t &:= (w_1^t, \ldots, w_n^t), & w_i &:= (w_i^1, \ldots, w_i^{T+1}) \\ f^t &:= (f_1^t, \ldots, f_n^t), & f_i &:= (f_i^1, \ldots, f_i^{T+1}) \\ A^t(d^t)(1 - f^t) &:= \left[a_{ij}^t(d_j)^t(1 - f_j^t)\right]_{i,j=1}^n . \end{aligned}$$

preisen ihren Stellenerfolg unter Berücksichtigung der ihr zugrundeliegenden Variablenbeschränkungen. Dies wird durch folgendes Teilplanungsproblem dargestellt

$$EG_i^{\max}(u) = \\ \max\left\{EG_i(\cdot) \mid w_i^t \geq 0,\ d_i \in D_i,\ f_i^1 = 0,\ f_i^t \in [0,1],\ t = 1,\dots,T+1\right\}.$$

Durch die organisatorische Zusammenfassung der Beschaffungs- bzw. Produktionsstellen mit den entsprechenden Lagerhaltungsstellen zu Gesamtstellen, müssen die Lieferbeziehungen über die Bilanzgleichungen neu beschrieben werden. Unter Berücksichtigung der neuen Bezeichnungen ergeben sich folgende dynamische Bilanzgleichungen (vgl. Anhang A.2), die im folgenden ausschließlich betrachtet werden.

$$\begin{aligned} w_i^t &= \sum_{j=1}^{n} a_{ij}^t(d_j^t)(1-f_j^t)w_j^t + f_i^{t+1}w_i^{t+1}, & i &= 1,\dots,m \\ w_i^t &= \sum_{j=1}^{n} a_{ij}^t(d_j^t)(1-f_j^t)w_j^t + f_i^{t+1}w_i^{t+1} + y_i^t, & i &= m+1,\dots,n. \end{aligned}$$

Die Bilanzgleichungen lassen sich unter der Voraussetzung der Produktivität der Matrix $A^t(d^t)$ nach den Gesamtstellenleistungen w^t auflösen. Dabei wird mit den Gesamtstellenleistungen zum Zeitpunkt T begonnen und dann induktiv bis zum Zeitpunkt 1 die entsprechenden Gesamtleistungen berechnet. Folgender Satz präzisiert dies

Satz 3.3.2 *Sind für alle Betrachtungszeitpunkte $t = 1,\dots,T$ die Veräußerungsmengen $y^t \in Y^t$, die Intensitäten $d^t \in D^t$ sowie die Lagerhaltungsanteile $f^t \in [0,1]^n$ eindeutig gegeben, sind die Matrizen $A^t(d^t)$ produktiv, so können die Gesamtstellenleistungen w^t eindeutig aus den dynamischen*

Bilanzgleichungen bestimmt werden

$$\begin{aligned} w^T &= \left[E - A^T(d^T)\left(1 - f^T\right)\right]^{-1}\left(f^{T+1}w^{T+1} + y^T\right) \\ &\vdots \\ w^t &= \left[E - A^t(d^t)\left(1 - f^t\right)\right]^{-1}\left(f^{t+1}w^{t+1} + y^t\right) \\ &\vdots \\ w^2 &= \left[E - A^2(d^2)\left(1 - f^2\right)\right]^{-1}\left(f^3 w^3 + y^2\right) \\ w^1 &= \left[E - A^1(d^1)\right]^{-1}\left(f^2 w^2 + y^1\right). \end{aligned}$$

Weiter nehmen die Gesamtstellenleistungen nur Werte größer gleich Null an.

Beweis Die Produktivitätseigenschaft der Matrix $A^t(d^t)$ überträgt sich, wie ein Nachrechnen der Definition zeigt, auf die Matrix[6] $A^t(d^t)(1 - f^t)$, und damit existiert nach Satz 2.2.1 zu jedem Zeitpunkt t eine eindeutig gegebene nichtnegative Inverse $[E - A^t(d^t)(1 - f^t)]^{-1}$, was zu dieser Darstellung führt.[7] Die Nichtnegativität der Gesamtstellenleistungen folgt rekursiv aus der Tatsache, daß die Inverse nur nichtnegative Werte annimmt und die Veräußerungsmengen und Lagerhaltungsanteile nichtnegativ nach Voraussetzung sind. □

[6]Es gilt für alle Zeitpunkte t und für alle $i, j = 1, \ldots, n$

$$a^t_{ji}(d^t_i) \geq a^t_{ji}(d^t_i)(1 - f^t_i) \qquad \forall f^t_i \in [0,1]$$

damit überträgt sich die Produktivitätseigenschaft wie folgt

$$w^t_i \ \left(> | \geq \right) \ \sum_{j=1}^{n} a^t_{ji}(d^t_i)w^t_j \ \geq \ \sum_{j=1}^{n} a^t_{ji}(d^t_i)(1 - f^t_i)w^t_j \qquad \forall f^t_i \in [0,1].$$

[7]Bei den betrachteten dynamischen Bilanzgleichungen handelt es sich um ein *inhomogenes lineares Differenzengleichungssystem erster Ordnung mit konstanten Koeffizienten.* (Vgl. zur mathematischen Theorie etwa *Kelley/Peterson* [1991, Kap. 1-3] bzw. *Fleissner et al.* [1993, S. 189 ff.] zu ähnlichen Differenzengleichungssystemen bei dynamischen Input-Output-Modellen).

3.4 Koordination und Verrechnungspreise

Nach Formulierung entsprechender Planungsprobleme stellt sich die Frage der Koordination der Teilplanungsprobleme. Im statischen Fall wurde diese Frage zunächst für das modifizierte Ressourcen-Allokationsproblem untersucht. Anschließend konnten die daraus resultierenden Ergebnisse auf das Grundmodell übertragen werden. Analog werden im ersten Unterabschnitt diese Ergebnisse auf das dynamische Modell angewendet. Aufbauend darauf erfolgt in Unterabschnitt 3.4.2 eine Charakterisierung von Verrechnungspreisen sowie deren Interpretation.

Zuvor kann allerdings unter Zuhilfenahme der ersten Kuhn-Tucker-Bedingung die Frage beantwortet werden, unter welchen Bedingungen zentral getroffene dynamische Produktions- und Absatzententscheidungen optimale dezentral getroffene dynamische Produktions- und Absatzentscheidungen liefern. Dazu folgender Satz

Satz 3.4.1 *Ist eine Lösung* $(\bar{x}, \bar{y}, \bar{z}, \bar{d})$ *des Gesamtplanungsproblems* $E^{\max}$ *gegeben, und existiert weiter ein* $\bar{u} \in \mathbb{R}^{n \times T}$*, so daß* $(\bar{x}, \bar{y}, \bar{z}, \bar{d}, \bar{u})$ *die erste Kuhn-Tucker-Bedingung der Lagrangefunktion* $L(\cdot)$ *von* $E^{\max}$ *erfüllt, dann ist* $(\bar{w}_i, \bar{d}_i, \bar{f}_i, \bar{u})$[8] *eine optimale Lösung von* $EG_i^{\max}(\bar{u})$ $(i = 1, \ldots, n)$*, und* $\bar{y}_i$ *ist eine optimale Lösung von* $EV_i^{\max}(\bar{u})$ *(i=m+1,...,n).*

Beweis Gilt die zu $E^{\max}$ gehörende erste Kuhn-Tucker-Bedingung, so folgt unter Berücksichtigung der in Anhang $A.2$ gezeigten Darstellung der Lagrangefunktion mit

$$\begin{aligned}
L(\bar{x}, \bar{y}, \bar{z}, \bar{d}, \bar{u}) &= \max_{x,y,z,d} L(x, y, z, d, \bar{u}) \\
&= \max_{y,w,d,f} \left[\sum_{i=1}^{n} EG_i(w_i, d_i, f_i, \bar{u}) + \sum_{i=m+1}^{n} EV_i(y_i, \bar{u}) \right] \\
&= \sum_{i=1}^{n} \max_{w_i, d_i, f_i} EG_i(w_i, d_i, f_i, \bar{u}) + \sum_{i=m+1}^{n} \max_{y_i} EV_i(y_i, \bar{u}) \\
&= \sum_{i=1}^{n} EG_i^{\max}(\bar{u}) + \sum_{i=m+1}^{n} EV_i^{\max}(\bar{u}),
\end{aligned}$$

[8] Die Werte $\bar{w}_i$, $\bar{f}_i$ berechnen sich gemäß ihrer Definition.

und

$$L(\bar{x},\bar{y},\bar{z},\bar{d},\bar{u}) \quad = \quad \sum_{i=1}^{n} EG_i(\bar{w}_i,\bar{d}_i,\bar{f}_i,\bar{u}) + \sum_{i=m+1}^{n} EV_i(\bar{y}_i,\bar{u})$$

die Behauptung. □

Die folgenden Unterabschnitte wenden sich wieder der Ausgangsproblematik zu.

3.4.1 Koordinationsmechanismus

In Unterabschnitt 2.4.1 wurde die Frage der Koordination von Teilplanungsproblemen auf der Basis eines modifizierten Ressourcen-Allokationsproblems untersucht. Als Ergebnis konnte festgehalten werden: Erfüllen Lösungen der Teilplanungsprobleme die Ressourcenbedingungen, so liegt eine Lösung des modifizierten Ressourcen-Allokationsproblems vor. Übertragen auf das dynamische Modell gilt folgendes: Je nach vorgegebenen Verrechnungspreisen wählen die einzelnen Stellen andere dynamische Stellenentscheidungen. Sind Angebot und Nachfrage von Leistungen aller Stellen zu jedem Zeitpunkt ausgeglichen und somit die dynamischen Bilanzgleichungen insgesamt erfüllt, so liegt eine optimale dynamische Gesamtunternehmensentscheidung vor. Der maximale Gesamterfolg setzt sich dann aus den einzelnen Stellenerfolgen zusammen. Folgender Satz präzisiert diesen Sachverhalt

Satz 3.4.2 *Ist* $\left(\bar{y}(\bar{u}),\bar{w}(\bar{u}),\bar{d}(\bar{u}),\bar{f}(\bar{u})\right)$ *eine mit den Verrechnungspreisen* $\bar{u}$ *abgeleitete Lösung der Teilplanungsmodelle* $EG_i^{\max}(\bar{u})$ $(i = 1,\ldots,n)$ *und* $EV_i^{\max}(\bar{u})$ $(i = m+1,\ldots,n)$*, die die dynamischen Bilanzgleichungen erfüllt, so ist* $(\bar{y},\bar{f}\bar{w},(1-\bar{f})\bar{w},\bar{d},\bar{f})$ *eine Lösung von* $E^{\max}$*. Weiter gilt*

$$E^{\max} = \sum_{i=1}^{n} EG_i^{\max}(\bar{u}) + \sum_{i=m+1}^{n} EV_i^{\max}(\bar{u}).$$

Beweis in Anlehnung an Satz 2.4.5. Der Beweis besteht darin, den Koordinationsmechanismus des modifizierten Ressourcen-Allokationsproblems auf das dynamische Modell zu übertragen. Existieren Lösungen der Teilplanungsprobleme $EG_i^{\max}(\bar{u})$ und $EV_i^{\max}(\bar{u})$, die den dynamischen Bilanzgleichungen genügen, so erfüllen diese die zu der Lagrangefunktion $L(\cdot)$ von $E^{\max}$ gehörenden Kuhn-Tucker-Bedingungen. Nach Satz 2.4.1 liegt daher ein Sattelpunkt von $L(\cdot)$ vor. Dies liefert mit Satz 2.4.2 die Behauptung. □

3.4.2 Verrechnungspreise: Charakterisierung

Die Unternehmensleitung wählt die Verrechnungspreise der einzelnen Leistungen zu den verschiedenen Zeitpunkten so, daß zu jedem Zeitpunkt Angebot und Nachfrage der einzelnen Stellenleistungen - dargestellt durch die Bilanzgleichungen - sich im Gleichgewicht befinden. Kernpunkt dieses Unterabschnittes ist eine Charakterisierung von Verrechnungspreisen, die solch ein Gleichgewicht ermöglichen, sowie deren Interpretation.

Satz 3.4.3 *Ist eine Lösung $(\bar{u}, \bar{d}, \bar{f})$ folgender Verrechnungspreisstruktur für alle Zeitpunkte $t = 1, \ldots, T$ gegeben*

$$u_i^t = \min_{\substack{d_i^t \in D_i^t,\\ f_i^t \in [0,1]}} \left[\sum_{j=1}^{n} \left(a_{ji}^t(d_i^t) u_j^t + k_i^t \right) \left(1 - f_i^t\right) + \left(u_i^{t-1} + L_i^{t-1}\right) f_i^t \right], \; i = 1, \ldots, m$$

$$u_i^t = \min_{\substack{d_i^t \in D_i^t,\\ f_i^t \in [0,1]}} \left[\sum_{j=1}^{n} a_{ji}^t(d_i^t) u_j^t \left(1 - f_i^t\right) + \left(u_i^{t-1} + L_i^{t-1}\right) f_i^t \right], \; i = m+1, \ldots, n,$$

sind weiter alle Direktbedarfsmatrizen $A^t(\bar{d}^t)$ $(t = 1, \ldots, T)$ produktiv, und existieren Lösungen $\bar{y}_i$ aller Teilplanungsmodelle $EV_i^{\max}(\bar{u})$ $(i = m+1, \ldots, n)$, so liefern gewisse Lösungen der Teilplanungsprobleme $EG_i^{\max}(\bar{u})$ $(i = 1, \ldots, n)$ und $EV_i^{\max}(\bar{u})$ $(i = m+1, \ldots, n)$ eine Lösung des Gesamtplanungsproblems $E^{\max}$. Weiter gilt

$$E^{\max} = \sum_{i=m+1}^{n} EV_i^{\max}(\bar{u}).$$

Beweis in Anlehnung an Satz 2.5.1. Existiert eine Lösung $(\bar{u}, \bar{d}, \bar{f})$ der Verrechnungspreisstruktur, so kann in einem ersten Schritt gezeigt werden, daß eine Maximierung der Teilplanungsprobleme $EG_i^{\max}(\bar{u})$ unabhängig von der Wahl der Gesamtstellenleistungsmenge $w_i^t \geq 0$ erfolgt. In einem zweiten

Schritt werden optimale Lösungen $\bar{y}_i$ für alle Teilplanungsprobleme $EV_i^{\max}(\bar{u})$ bestimmt, die nach Voraussetzung existieren. Abschließend können dann wegen Satz 3.3.2 mit $(\bar{d},\bar{f})$ die optimalen nichtnegativen Gesamtstellenleistungen $\bar{w}_i$ induktiv aus den dynamischen Bilanzgleichungen bestimmt werden. Die erste Behauptung folgt dann mit Satz 3.4.2.

Zu Schritt 1: Ist $(\bar{u},\bar{d},\bar{f})$ eine Lösung der Verrechnungspreisstruktur und wird zusätzlich $\bar{w}_i^{T+1}=0$ $(i=1,\ldots,n)$ festgelegt. Weiter ist $w_i \in R_+^{T+1}$ eine beliebige Gesamtstellenleistung und $(\tilde{w}_i,\tilde{d}_i,\tilde{f}_i)$ eine optimale Gesamtstellenstrategie bei Vorliegen der Verrechnungspreise $\bar{u}$. Dann ist für alle $i=1,\ldots,n$ zu zeigen

$$EG_i(w_i,\bar{d}_i,\bar{f}_i,\bar{u}) \geq EG_i(\tilde{w}_i,\tilde{d}_i,\tilde{f}_i,\bar{u}).$$

Aufgrund der Verrechnungspreisstruktur gilt für den Stellenerfolg jeder Gesamtstelle $i=1,\ldots,n$

$$\begin{aligned}
& EG_i(w_i,\bar{d}_i,\bar{f}_i,\bar{u}) \\
= & \sum_{t=1}^{T}\left[\bar{u}_i^t-\sum_{j=1}^{n}\left(a_{ji}^t(\bar{d}_i^t)\bar{u}_j^t-k_i^t\right)\left(1-\bar{f}_i^t\right)-\left(\bar{u}_i^{t-1}+L_i^{t-1}\right)\bar{f}_i^t\right]w_i^t-R_i^{T+1}(\cdot,0,\cdot) \\
= & \sum_{t=1}^{T}0\,w_i^t-R_i^{T+1}(0,\cdot) \\
= & \ 0
\end{aligned}$$

und

$$\begin{aligned}
& EG_i(\tilde{w}_i,\tilde{d}_i,\tilde{f}_i,\bar{u}) \\
= & \underbrace{\sum_{t=1}^{T}\left[\bar{u}_i^t-\sum_{j=1}^{n}\left(a_{ji}^t(\tilde{d}_i^t)\bar{u}_j^t-k_i^t\right)\left(1-\tilde{f}_i^t\right)-\left(\bar{u}_i^{t-1}+L_i^{t-1}\right)\tilde{f}_i^t\right]}_{\leq 0}\underbrace{\tilde{w}_i^t}_{\geq 0}-\underbrace{R_i^{T+1}(\cdot)}_{\geq 0} \\
\leq & \ 0.
\end{aligned}$$

Der maximale Gesamtunternehmenserfolg setzt sich nach Satz 3.4.2 aus den einzelnen Stellenerfolgen zusammen. Nach Konstruktion wurden in Schritt 1 die Gesamtstellenerfolge jeweils auf den Wert Null gesetzt. Daher folgt die zweite Behauptung. □

Bei Formulierung des dynamischen Modells wird davon ausgegangen, daß keine Anfangslagerbestände vorhanden sind. Es besteht jedoch die Möglichkeit, in den weiteren Perioden Lagerbestände auf- bzw. abzubauen. Bei der Beweisführung des vorangegangenen Satzes wurde bei allen Gesamtstellen ein optimaler Lagerhaltungsanteil zum Endbetrachtungszeitpunkt in Höhe von Null festgelegt. Der Lagerbestand wird demzufolge bei allen Gesamtstellen bis zum Endbetrachtungszeitpunkt vollständig abgebaut.

Korollar 3.4.4 *Unter den Voraussetzungen des „Verrechnungspreisstruktursatzes“* 3.4.3 *gilt für den optimalen Lagerbestand*

$$\bar{z}_i^T = 0, \quad i = 1, \ldots, n.$$

Beweis Nach Satz 3.4.3 wurde $\bar{w}_i^{T+1} = 0$ $(i = 1, \ldots, n)$ gesetzt und damit gilt

$$\bar{z}_i^T = \bar{f}_i^{T+1} \bar{w}_i^{T+1} = 0, \quad i = 1, \ldots, n.$$

□

Die Verrechnungspreisstruktur kann ähnlich dem Vorgehen des vorangegangenen Kapitels in Anlehnung an *Kistner* [1991, S. 195] wie folgt interpretiert werden: Die Gesamtleistung w_i^t der Stelle i zur Zeit t wird mit dem Verrechnungspreis u_i^t so bewertet, daß der Wert der Leistungen den in der Stelle zum selben Zeitpunkt anfallenden Kosten entspricht.

Die Leistungen der Gesamtstelle $i = 1, \ldots, m$ werden zum einen durch einen Anteil $f_i^t w_i^t$ aus dem Lagerbestand, und zum anderen durch Erbringung interner Leistung in Höhe von $(1 - f_i^t) w_i^t$ erbracht. Bei der Erbringung interner Leistungen entstehen Kosten durch Inanspruchnahme von Leistungen anderer Stellen zum Zeitpunkt t, die mit dem jeweiligen Verrechnungspreis bewertet werden, in Höhe von

$$\sum_{j=1}^{n} a_{ji}^t (d_i^t) u_j^t (1 - f_i^t) w_i^t.$$

Zusätzlich entstehen Roffstoffbeschaffungskosten in Höhe von $k_i^t (1 - f_i^t) w_i^t$. Die auf Lager produzierten Leistungen haben zum Zeitpunkt $t - 1$ einen mit dem Verrechnungspreis u_i^{t-1} bewerteten Stückwert. Zusätzlich entstehen zwischen diesem und dem folgenden Zeitpunkt t Lagerhaltungskosten in Höhe von L_i^{t-1} pro Stück. Bei Lagerentnahme entstehen somit Gesamtkosten in Höhe von $(u_i^{t-1} + L_i^{t-1})f_i^t w_i^t$. Stellt man nun Leistungen und Kosten gegenüber, so erhält man für Gesamtstelle $i = 1, \ldots, m$ folgende Leistungsbilanz zum Zeitpunkt t

$$u_i^t w_i^t = \sum_{j=1}^{n} \left(a_{ji}^t(d_i^t)u_j^t + k_i^t\right)\left(1 - f_i^t\right)w_i^t + \left(u_i^{t-1} + L_i^{t-1}\right)f_i^t w_i^t.$$

Bei den Gesamtstellen $i = m+1, \ldots, n$ ergeben sich bis auf die Rohstoffstückkosten analoge Leistungsbilanzen zum Zeitpunkt t

$$u_i^t w_i^t = \sum_{j=1}^{n} a_{ji}^t(d_i^t)u_j^t\left(1 - f_i^t\right)w_i^t + \left(u_i^{t-1} + L_i^{t-1}\right)f_i^t w_i^t.$$

Die Leistungsbilanz jeder Stelle kann durch die Wahl der Intensität und des Lagerhaltungsanteils beeinflußt werden. Die Verrechnungspreisstruktur besagt nun, daß die Intensitäten und Lagerhaltungsanteile so gewählt werden sollen, daß die Stückkosten - die auf der rechten Seite der Leistungsbilanz stehen - minimal werden.

Die in diesem Unterabschnitt erhaltene Verrechnungspreisstruktur hat einen dynamischen Charakter, da jeder Zeitpunkt $t \geq 2$ mit dem vorangegangenen verbunden ist. Ohne die Möglichkeit der Lagerhaltung ergibt sich die aus dem vorangegangenen Kapitel bekannte Verrechnungspreisstruktur

$$\begin{aligned} u_i^t &= \min_{d_i^t \in D_i^t} \left[\sum_{j=1}^{n} a_{ji}^t(d_i^t)u_j^t + k_i^t\right], && i = 1, \ldots, m \\ u_i^t &= \min_{d_i^t \in D_i^t} \left[\sum_{j=1}^{n} a_{ji}^t(d_i^t)u_j^t\right], && i = m+1, \ldots, n. \end{aligned}$$

Ist weiter die Direktbedarfsmatrix $A^t(d^t)$ konstant, so ergibt sich das Gleichungsverfahren der innerbetrieblichen Leistungsverrechnung. Daher kann die gewonnene Charakterisierung als *„dynamisches Gleichungsverfahren“* interpretiert werden.

Schwerpunkt der folgenden Abschnitte ist die Frage der Existenz einer Lösung $(\bar{u}, \bar{f}, \bar{d})$ der Verrechnungspreisstruktur. Im statischen Fall wurde diese mit dem Fixpunktsatz von Kakutani gezeigt. Bei der erhaltenen Verrechnungspreisstruktur ist dies nicht möglich, da die Konvexitätsvoraussetzung des Fixpunktsatzes nicht erfüllt ist. Aus diesem Grund wird die Existenzfrage zunächst bei linearen und einfach-zusammenhängenden Produktionsstrukturen und anschließend bei komplexen Produktionsstrukturen untersucht.

3.5 Einfach-zusammenhängende Produktionsstrukturen

Im vorangegangenen Kapitel konnte die Existenz von Verrechnungspreisen bei einfach-zusammenhängenden Produktionsstrukturen mit einem „erweiterten Stufenleiterverfahren" nachgewiesen werden, wodurch eine einfache rekursive Berechnung ermöglicht wurde. Demgegenüber gestaltete sich der Existenznachweis bei komplexen Produktionsstrukturen unter Zuhilfenahme einer Fixpunktargumentation mit dem Satz von Kakutani deutlich aufwendiger. Aus diesem Grund wird die Existenz- und Berechnungsfrage zunächst für den Fall einfach-zusammenhängender Produktionsstrukturen untersucht. Dazu erfolgt in Unterabschnitt 3.5.1 ein Existenzbeweis mit einem „dynamischen Stufenleiterverfahren", mit welchem im folgenden Unterabschnitt die Frage einer Berechnung beantwortet werden kann.

Bei linearen Produktionsstrukturen liefert jede Stelle nur an eine nachgelagerte Stelle, während bei einfach-zusammenhängenden Produktionsstrukturen eine Stelle auch mehrere Stellen beliefern kann. Allerdings besteht folgende Einschränkung: Eine Stelle i, die Leistung für eine Stelle j erstellt, nimmt weder direkt noch indirekt über andere Stellen Leistungen der Stelle j in Anspruch (vgl. etwa *Kistner* [1981, S. 140 f.]). Im folgenden werden Produktionsstrukturen als linear bzw. einfach-zusammenhängend bezeichnet, falls zu jedem Zeitpunkt $t = 1, \ldots, T$ solch eine Produktionsstruktur vorherrscht.

3.5.1 Verrechnungspreise: Existenz

Eine Lösung $(\bar{u}, \bar{d}, \bar{f})$ der Verrechnungspreisstruktur berechnet sich rekursiv - beginnend mit dem Zeitpunkt 1 - wie folgt

$$\begin{aligned} u^1 &= A^1(d^1)^T u^1 + k^1 \\ &\vdots \\ u^t &= \left(A^t(d^t)^T u^t + k^t\right)\left(1 - f^t\right) + \left(u^{t-1} + L^{t-1}\right) f^t \\ &\vdots \\ u^T &= \left(A^T(d^T)^T u^T + k^T\right)\left(1 - f^T\right) + \left(u^{T-1} + L^{T-1}\right) f^T. \end{aligned}$$

Eine Lösung $(\bar{u}^1, \bar{d}^1)$ zum Anfangszeitpunkt 1 kann unmittelbar mit dem „erweiterten Stufenleiterverfahren" des vorangegangenen Kapitels bestimmt werden. Im weiteren wird nun davon ausgegangen, daß Lösungen der Verrechnungspreisstruktur vom Anfangszeitpunkt bis zum Zeitpunkt $t-1$ bestimmt worden sind. Dabei ist $t \in \{1, \ldots, T\}$ beliebig, aber fest gewählt. Bei beiden Produktionsstrukturen - lineare und einfach-zusammenhängende - sind die Direktbedarfsmatrizen $A^t(d^t)$ nach Voraussetzung für alle Zeitpunkte triangulisierbar. Aus Gründen der Übersichtlichkeit wird auf eine neue Indizierung, der durch die Triangulisierung entstehenden Permutationen, verzichtet.[9] Sind die einzelnen Stellen entsprechend umnumeriert, so kann $(\bar{u}^t, \bar{d}^t, \bar{f}^t)$ sukzessive mit folgendem *„dynamischen Stufenleiterverfahren"* bestimmt werden

[9] Ein Algorithmus, der solch eine Permutation bewerkstelligt, findet sich etwa in *Kistner* [1981, S. 143 f.].

$$u_1^t = \min_{f_1^t \in [0,1]} \left[k_1^t(1 - f_1^t) + (\bar{u}_1^{t-1} + L_1^{t-1}) f_1^t \right]$$

$$u_2^t = \min_{\substack{d_2^t \in D_2^t,\\ f_2^t \in [0,1]}} \left[(a_{12}^t(d_2^t) u_1^t + k_2^t)(1 - f_2^t) + (\bar{u}_2^{t-1} + L_2^{t-1}) f_2^t \right]$$

....

$$u_i^t = \min_{\substack{d_i^t \in D_i^t,\\ f_i^t \in [0,1]}} \left[(a_{1i}^t(d_i^t) u_1^t + \ldots + a_{i-1i}^t(d_i^t) u_{i-1}^t + k_i^t)(1 - f_i^t) + (\bar{u}_i^{t-1} + L_i^{t-1}) f_i^t \right]$$

....

$$u_n^t = \min_{\substack{d_n^t \in D_n^t,\\ f_n^t \in [0,1]}} \left[(a_{1n}^t(d_n^t) u_1^t + \ldots + a_{n-1n}^t(d_n^t) u_{n-1} + k_n^t)(1 - f_n^t) + (\bar{u}_n^{t-1} + L_n^{t-1}) f_n^t \right].$$

Ohne Berücksichtung der Lagerhaltung liegt das „erweiterte Stufenleiterverfahren“ des Grundmodells vor, und ohne Berücksichtigung intensitätsmäßiger Anpassungsmaßnahmen ergibt sich das bekannte Stufenleiterverfahren.

Bei Vorliegen stetiger Verbrauchsfunktionen ist somit folgender konstruktiver Existenzbeweis einer Lösung $(\bar{u}, \bar{d}, \bar{f})$ möglich: Berechnet wird zunächst mit dem „erweiterten Stufenleiterverfahren“ des statischen Falls eine Lösung $(\bar{u}^1, \bar{d}^1)$ zum Zeitpunkt 1. Anschließend wird eine Lösung $(\bar{u}^2, \bar{d}^2, \bar{f}^2)$ mit dem „dynamischen Stufenleiterverfahren“ unter Berücksichtigung der Lösung $\bar{u}^1$ bestimmt. Sukzessive können dann im folgenden alle Lösungen bis zum Endzeitpunkt T berechnet werden. Dazu folgender Satz

Satz 3.5.1 *Sind die Verbauchsfunktionen*

$$a_{ji}^t(d_i^t), \quad i = 1, \ldots, n, \quad j > n, \quad t = 1, \ldots, T$$

stetig auf D_i $(i = 1, \ldots, n)$, so existiert bei linearen und einfach-zusammenhängenden Produktionsstrukturen eine Lösung $(\bar{u}, \bar{d}, \bar{f})$ der Verrechnungspreisstruktur aus Satz 3.4.3.

Beweis Erfüllen die Verbrauchsfunktionen die Stetigkeitsbedingung, so existieren nach dem Satz von Weierstrass (die Mengen D_i^t und $[0,1]$ sind jeweils kompakt) die oben dargestellten Minima, und die Verrechnungspreise lassen sich rekursiv nach dem dargestellten Vorgehen bestimmen. □

3.5.2 Verrechnungspreise: Berechnung

Dieser Unterabschnitt beschäftigt sich mit der Berechnung einer Lösung (u^t, d^t, f^t) zu einem beliebig, aber fest vorgegebenen Zeitpunkt t. Dabei wird die Tatsache ausgenützt, daß die dargestellte Verrechnungspreisstruktur c. p. linear im Lagerhaltungsanteil f_i^t ist. Daher ist der stückkostenminimale Lagerhaltungsanteil u. a. am Rand des Definitionsbereiches und nimmt entweder den Wert Null oder Eins an. Damit ergibt sich immer eine optimale Gesamtunternehmenspolitik mit der Eigenschaft, daß jede Gesamtstelle zu jedem Zeitpunkt den Bedarf der anderen Stellen entweder vollständig durch die Erbringung interner Leistungen oder durch Lagerhaltung abdeckt. Solch eine Struktur wird als *Complementary Slackness* Bedingung[10] bezeichnet.[11] Diese Struktureigenschaft ermöglicht -beginnend mit Stelle 1 - folgendes Verfahren zur Berechnung einer Lösung $(\bar{u}^t, \bar{d}^t, \bar{f}^t)$

---

[10]Für diesen Hinweis danke ich Herrn Prof. Dr. K.-P. Kistner, Bielefeld.

[11]Vgl. hierzu das Wagner/Whitin Modell (etwa *Kistner/Steven* [1993, S. 49 ff., S. 184 ff.]).

1. Setze $i = 1$.
2. Berechne eine Lösung $(\tilde{u}_i^t, \tilde{d}_i^t)$ mit Hilfe des „erweiterten Stufenleiterverfahrens“ aus Unterabschnitt 2.6.1

$$u_i^t := \min_{d_i^t \in D_i^t} \left[a_{1i}^t(d_i^t)\bar{u}_1^t + \ldots + a_{i-1i}^t(d_i^t)u_{i-1}^t + k_i^t \right].$$

3. Vergleiche den berechneten Wert $\tilde{u}_i^t$ mit dem Wert $(\bar{u}_i^{t-1} + L_i^{t-1})$. Eine Lösung $(\bar{u}_i^t, \bar{f}_i^t, \bar{d}_i^t)$ der Verrechnungspreisstruktur ergibt sich dann wie folgt

$$\bar{u}_i^t = \begin{cases} \tilde{u}_i^t, & \tilde{u}_i^t \leq \bar{u}_i^{t-1} + L_i^{t-1} \quad \text{mit } \bar{f}_i^t = 0, \quad \bar{d}_i^t = \tilde{d}_i^t \\ \bar{u}_i^{t-1} + L_i^{t-1}, & \bar{u}_i^{t-1} + L_i^{t-1} \leq \tilde{u}_i^t \quad \text{mit } \bar{f}_i^t = 1, \quad \bar{d}_i^t = bel. \end{cases}$$

Ist $i < n$, so setze $i = i + 1$ und gehe zu Schritt 2, andernfalls endet das Verfahren.

Abb. 7: **Berechnungsmöglichkeit einer Lösung der Verrechnungspreisstrukur**

Das vorliegende Verfahren nützt die Tatsache, daß aufgrund der geltenden Complementary Slackness Bedingung der stückkostenminimale Lagerhaltungsanteil die Werte Null oder Eins annimmt. Aufgrund der Produktionsstruktur kann rekursiv für jede Stelle die Entscheidung, welchen Wert der Lagerhaltungsanteil annimmt, getrennt betrachtet werden: Dazu werden in Schritt 2 die Werte unter der Annahme berechnet, daß keine Lagerhaltung stattfindet. Schritt 3 vergleicht diese Entscheidung mit der Entscheidung einer vollständigen Lagerhaltung.

3.6 Komplexe Produktionsstrukturen

Im Grundmodell wurde die Existenz einer Lösung der Verrechnungspreisstruktur bei komplexen Produktionsstrukturen mit Hilfe des Fixpunktsatzes von Kakutani bewiesen. Ein Übertrag dieser Vorgehenweise durch Definition einer zu Abschnitt 2.6 analogen Funktion

$$u^t : D^t \times [0,1]^n \rightarrow U^t,$$

$$u^t(d^t, f^t) = \Big(A^t(d^t)^T u^t + k^t\Big)\Big(1 - f^t\Big) + \Big(u^{t-1} + L^{t-1}\Big) f^t$$

scheitert daran, daß die Funktion wie Anhang $A.2$ zeigt, nicht konvex in $D^t \times [0,1]^n$ ist. Dabei ist U^t die Bildmenge von $u^t(\cdot)$. Zur Beantwortung der Existenzfrage werden zunächst in Unterabschnitt 3.6.1 Lösungen der Verrechnungspreisstruktur auf Eigenschaften hin untersucht. Aufbauend auf diese Erkenntnisse kann dann im folgenden Unterabschnitt ein Existenzbeweis formuliert werden.

3.6.1 Verrechnungspreise: Eigenschaften

Bei Bestimmung einer Lösung der Verrechnungspreisstruktur bei linearen und einfach-zusammenhängenden Produktionsstrukturen konnte rekursiv für jede Stelle die Entscheidung, welchen Wert der stückkostenminimale Lagerhaltungsanteil annimmt, isoliert von anderen Stellenentscheidungen betrachtet werden. Weiter nahm der stückkostenminimale Lagerhaltunganteil aufgrund der Complementary Slackness Bedingung u. a. Werte am Rande des Definitionsbereiches an. Komplexe Produktionsstrukturen sind dadurch gekennzeichnet, daß einzelne Stellen sich gegenseitig beliefern, daher entfällt bei diesen die erste Eigenschaft. Allerdings überträgt sich die Complementary Slackness Bedingung, wie folgendes Lemma zeigt

Lemma 3.6.1 *Existiert eine Lösung $(\bar{u}, \bar{d}, \bar{f})$ der Verrechnungspreisstruktur, so nimmt der optimale Lagerhaltungsanteil $\bar{f}_i^t$ den Wert Null oder Eins an*

$$\bar{f}_i^t \in \{0, 1\}, \qquad i = 1, \ldots, n, \quad t = 1, \ldots, T.$$

Weiter bestimmt sich eine Lösung $(\bar{u}^t, \bar{d}^t)$ aus[12]

$$u_i^t = \begin{cases} \min\limits_{d_i^t \in D_i^t} \Big[\sum\limits_{j=1}^{n} a_{ji}^t(d_i^t) u_j^t + k_i^t \Big], & \textit{falls } s_i^{t\,(\min)}(u^t) \le (\bar{u}_i^{t-1} + L_i^{t-1}) \\ (\bar{u}_i^{t-1} + L_i^t), & \textit{falls } (\bar{u}_i^{t-1} + L_i^{t-1}) \le s_i^{t\,(\min)}(u^t). \end{cases}$$

[12]Mit den Bezeichnungen des Beweises und mit $k_i^t = 0$, $(i = m+1, \ldots, n, t = 1, \ldots, T)$.

Beweis In Anlehnung an Abschnitt 2.7 des statischen Falls gelten folgende Definitionen

$$\begin{aligned} s_i^t(d_i^t, u^t) &:= \sum_{j=1}^n a_{ji}^t(d_i^t)u_j^t + k_i^t, \quad i = 1, \ldots, n \\ s_i^{t\,(\min)}(u^t) &:= \min_{d_i^t \in D_i^t} s_i^t(d_i^t, u^t), \qquad i = 1, \ldots, n. \end{aligned}$$

Die Verrechnungspreisstruktur kann damit wie folgt umgeformt werden

$$\begin{aligned} u_i^t &= \min_{d_i^t \in D_i^t, f_i^t \in [0,1]} \Big[\sum_{j=1}^n \Big(a_{ji}^t(d_i^t)u_j^t + k_i^t\Big)\Big(1 - f_i^t\Big) + \Big(u_i^{t-1} + L_i^{t-1}\Big) f_i^t \Big] \\ &= \min_{f_i^t \in [0,1]} \Big[\min_{d_i^t \in D_i^t} \Big[\sum_{j=1}^n a_{ji}^t(d_i^t)u_j^t + k_i^t \Big] \Big(1 - f_i^t\Big) + \Big(u_i^{t-1} + L_i^{t-1}\Big) f_i^t \Big] \\ &= \min_{f_i^t \in [0,1]} \Big[s_i^{t\,(\min)}(u^t)\Big(1 - f_i^t\Big) + \Big(u_i^{t-1} + L_i^{t-1}\Big) f_i^t \Big]. \end{aligned}$$

Die gewonnene Struktur ist c. p. linear im Lagerhaltungsanteil. Damit folgt die Behauptung. □

3.6.2 Verrechnungspreise: Existenz

Zum Existenzbeweis läßt sich Lemma 3.6.1 benützen, welches besagt, daß der optimale Lagerhaltungsanteil u. a. Werte am Rand - entweder den Wert Null oder Eins - annimmt. Dies impliziert eine Struktur

$$u_i^t = \begin{cases} \min_{d_i^t \in D_i^t} \Big[\sum_{j=1}^n a_{ji}^t(d_i^t)u_j^t + k_i^t \Big], & \text{falls } s_i^{t\,(\min)}(u^t) \leq (\bar{u}_i^{t-1} + L_i^{t-1}) \\ (\bar{u}_i^{t-1} + L_i^t), & \text{falls } (\bar{u}_i^{t-1} + L_i^{t-1}) \leq s_i^{t\,(\min)}(u^t), \end{cases}$$

die unter Konvexitätsvoraussetzungen an die Verbrauchsfunktionen konvex auf der Menge der zulässigen Intensitäten D^t ist. Dies führt zu folgender Beweisidee: Für jede beliebige feste Wahl der Lagerhaltungsanteile $f_i^t \in \{0, 1\}$ kann unter technischen Voraussetzungen die Existenz einer Lösung - ähnlich wie in Abschnitt 2.6 des statischen Falls - gezeigt werden. Insgesamt ergeben sich 2^n Kombinationsmöglichkeiten für die Lagerhaltungsanteile. Folgender Satz präzisiert diese Überlegung

Satz 3.6.2 *Sind die Verbrauchsfunktionen*

$$a_{ji}^t(d_i^t), \qquad i, j = 1, \ldots, n, \quad t = 1, \ldots, T$$

konvex und stetig auf D_i $(i = 1, \ldots, n)$ *sowie die Direktbedarfsmatrizen* $A^t(d^t)$ *für alle Intensitäten* $d^t \in D^t$ *und für alle Zeitpunkte* $t = 1, \ldots, T$ *produktiv, so existiert eine Lösung* $(\bar{u}, \bar{d}, \bar{f})$ *der Verrechnungspreisstruktur.*

Beweis Es wird die Existenz einer Lösung $(\bar{u}^t, \bar{d}^t, \bar{f}^t)$ zu einem beliebigen, aber festen Zeitpunkt $t \in \{2, \ldots, T\}$ gezeigt, unter der Voraussetzung daß eine Lösung $(\bar{u}^{t-1}, \bar{d}^{t-1}, \bar{f}^{t-1})$ existiert. Die Behauptung folgt dann rekursiv für alle Zeitpunkte. Für den Anfangszeitpunkt $t = 1$ folgt die Behauptung aus dem statischen Fall.

Aufgrund von Lemma 3.6.1 nimmt der Lagerhaltungsanteil für alle Stellen $i = 1, \ldots, n$ den Wert Null oder Eins an. Damit sind insgesamt $|2^n| < \infty$ Kombinationen für den Lagerhaltungsanteil möglich. Zu jeder Kombinationsmöglichkeit läßt sich eine modifizierte Struktur V^P $(P = 1, \ldots, 2^n)$ gemäß Lemma 3.6.1 formulieren

$$\begin{array}{rcll} u_i^t & = & (\bar{u}_i^{t-1} + L_i^{t-1}), & \text{falls } f_i^t = 1, \quad i = 1, \ldots, n \\ u_i^t & = & \min\limits_{d_i^t \in D_i^t} \left[\sum\limits_{j=1}^n a_{ji}^t(d_i^t) u_j^t + k_i^t \right], & \text{falls } f_i^t = 0, \quad i = 1, \ldots, m \\ u_i^t & = & \min\limits_{d_i^t \in D_i^t} \left[\sum\limits_{j=1}^n a_{ji}^t(d_i^t) u_j^t \right], & \text{falls } f_i^t = 0, \quad i = m+1, \ldots, n. \end{array}$$

Für jede modifizierte Struktur V^P kann die Existenz einer Lösung $(\tilde{u}^t, \tilde{d}^t)$ und damit insgesamt eine Lösung $(\bar{u}^t, \bar{d}^t, \bar{f}^t)$ zum Zeitpunkt t gezeigt werden: Durch eine geeignet gewählte Bezeichnung wird jede modifizierte Struktur V^P auf die Verrechnungspreisstruktur des vorangegangenen Kapitels übertragen und die Existenz analog zu Satz 2.6.2 mit dem Fixpunktsatz von Kakutani gezeigt werden.

Folgende modifizierte Matrix $\tilde{A}^t(d^t)$

$$\tilde{a}_{ji}^t(d_i^t) = \begin{cases} 0, & \text{falls } f_i^t = 1 \\ a_{ji}^t(d_i^t), & \text{falls } f_i^t = 0 \end{cases}$$

und folgender modifizierte Vektor $\tilde{k}^t$

$$\tilde{k}_i^t = \begin{cases} (\bar{u}_i^{t-1} + L_i^{t-1}), & \text{falls } f_i^t = 1 \\ k_i^t, & \text{falls } f_i^t = 0, \quad i = 1, \ldots, m \\ 0, & \text{falls } f_i^t = 0, \quad i = m+1, \ldots, n \end{cases}$$

ermöglichen eine Überführung jeder modifizierten Struktur V^P $(P = 1, \ldots, 2^n)$ auf die Verrechnungspreisstruktur des statischen Falls

$$u_i^t = \min_{d_i^t \in D_i^t} \left[\sum_{j=1}^{n} \tilde{a}_{ji}^t(d_i^t) u_j^t + \tilde{k}_i^t \right], \quad i = 1, \ldots, n.$$

In Anhang $A.2$ wird gezeigt, daß durch diese Übertragung die Voraussetzungen des Fixpunktsatzes von Kakutani erfüllt sind. Ein Existenznachweis einer Lösung $(\tilde{u}^t, \tilde{d}^t)$ von V^P erfolgt analog zu Satz 2.6.2. □

Das im Existenzbeweis benützte Verfahren weist für alle Lagerhaltungsanteilskombinationen Lösungen der modifizierten Strukturen aus Lemma 3.6.1 nach. Allerdings ist das Verfahren im Gegensatz zum Existenzbeweis des statischen Falls nicht konstruktiv, da es nicht angibt, welche der modifizierten Strukturen V^P $(P = 1, \ldots, 2^n)$ eine Lösung $(\bar{u}^t, \bar{d}^t, \bar{f}^t)$ liefert.

3.7 Bestimmung und Abschätzung von Verrechnungspreisen

Für lineare bzw. einfach-zusammenhängende Produktionsstrukturen konnte die Frage der Existenz und der Berechnung mit einem „dynamischen Stufenleiterverfahren" beantwortet werden. Dagegen konnte für komplexe Produktionsstrukturen „nur" ein nicht konstruktiver Existenzbeweis formuliert werden. Eine Berechnungsmöglichkeit von Verrechnungspreisen stellt wiederum einen Preisanpassungsprozeß dar, der im ersten Unterabschnitt vorgestellt wird. Daran anschließend werden im zweiten Unterabschnitt Abschätzungen von Näherungslösungen vorgestellt.

3.7.1 Ein Preisanpassungsprozeß

In Abschnitt 2.7 wurde ein Preisanpassungsprozeß für das modifizierte Ressourcen-Allokationsproblem mit Methoden der Dualitätstheorie der nichtlinearen Optimierung modelliert. Diese Modellierung kann analog auf das dynamische Modell übertragen werden: Ist die zu dem dynamischen Gesamtplanungsproblem $E^{\max}$ gehörende Lagrangefunktion $L(\cdot)$ gegeben, dann heißt die Funktion $G(u)$, die sich als Summe der maximalen Stellenerfolge bei gegebenen Verrechnungspreisen u ergibt,

$$\begin{aligned}
G(u) &: \mathbb{R}^{n\times T} \to \mathbb{R} \\
G(u) &= \sup_{\substack{y\in Y, w\in W,\\ d\in D, f\in F}} L(y,w,d,f,u) \\
&= \sum_{i=m+1}^{n} \sup_{y_i\in Y_i} EV_i(y_i,u) + \sum_{i=1}^{n} \sup_{\substack{w_i\in W_i, f_i\in[0,1]^{T+1},\\ d_i\in D_i}} EG_i(w_i,d_i,f_i,u)
\end{aligned}$$

die zu dem Gesamtplanungsproblem $E^{\max}$ gehörende duale Zielfunktion und

$$D := \min\left\{G(\cdot) \mid u \in \mathbb{R}^{n\times T}\right\}$$

das zu $E^{\max}$ gehörige duale Problem.

Die Zentrale gibt analog zum statischen Fall als koordinierende Instanz Verrechnungspreise u vor und erhält damit einen Gesamterfolg in Höhe von $G(u)$. Werden die Verrechnungspreise gemäß dem zu dem Gesamtplanungsproblem $E^{\max}$ dualen Problem D bestimmt, so liefern unter gewissen Bedingungen dezentrale Stellenentscheidungen eine optimale Gesamtunternehmensentscheidung. Folgender Satz präzisiert dies

Satz 3.7.1 *Sind die Verbrauchsfunktionen*

$$a_{ji}^t(d_i^t), \qquad i,j = 1,\dots,n, \quad t = 1,\dots,T$$

konvex und stetig auf D_i $(i = 1,\dots,n)$ *sowie die Direktbedarfsmatrizen* $A^t(d^t)$ *für alle Intensitäten* $d_i^t \in D_i^t$ *und für alle Zeitpunkte* $t = 1,\dots,T$ *produktiv, sind weiter für beliebige Verrechnungspreise* $u \in \mathbb{R}_+^{n\times T}$ *die Teilplanungsprobleme* $EV_i^{\max}(\cdot)$ $(i = m+1,\dots,n)$ *lösbar, ist* $\bar{u}$ *Lösung des dualen Problems* D *und* $(\bar{y},\bar{w},\bar{d},\bar{f})$ *die bei Vorliegen der Verrechnungspreise* $\bar{u}$ *optimalen Stellenstrategien, so liefert* $(\bar{y},\bar{w},\bar{d},\bar{f})$ *eine Lösung des Gesamtplanungsproblems* $E^{\max}$. *Weiter gilt*

$$E^{\max} = G(\bar{u}).$$

Beweis Unter den Voraussetzungen der Sätze 3.6.2 und 3.4.3 erfüllen Lösungen der Teilplanungsprobleme $EG_i^{\max}(\cdot)$ und $EV_i^{\max}(\cdot)$ die dynamischen Bilanzgleichungen, was den zu $E^{\max}$ gehörenden Kuhn-Tucker-Bedingungen entspricht, die eine eineindeutige Charakterisierung des Sattelpunktes der zu $E^{\max}$ gehörenden Lagrangefunktion $L(\cdot)$ darstellen. Satz 2.7.2 liefert die Behauptung. □

Bei Bestimmung der Verrechnungspreise tritt wiederum das *Dilemma der pretialen Lenkung* auf, da bei Bestimmung von Verrechnungspreisen eine optimale Gesamtunternehmensentscheidung gleichzeitig als eine Art Nebenprodukt abfällt, was eine Ermittlung der Verrechnungspreise als Koordinationsinstrument überflüssig erscheinen läßt. Ein Ausweg aus diesem Dilemma stellt der in Abschnitt 2.7 dargestellte Kommunikationsprozeß für das modifizierte Ressourcen-Allokationsproblem dar. Dieser kann analog auf das dynamische Modell übertragen werden.

1. Die Unternehmensleitung gibt den Gesamt- und Veräußerungsstellen Verrechnungspreise vor.
2. Die Gesamt- bzw. Veräußerungsstellen berechnen auf dieser Grundlage ihre optimalen Stellenentscheidungen und geben diese und (bzw. oder) ihren damit erzielten Stellenerfolg an die Unternehmensleitung weiter.
3. Die Unternehmensleitung berechnet daraus den Gesamtunternehmenserfolg $G(u)$ und gibt neue Verrechnungspreise vor, so daß sich der Wert von $G(u)$ erniedrigt (vgl. Abschnitt 2.7).
4. Der Dialog zwischen Unternehmensleitung und Gesamt- bzw. Veräußerungsstellen wird beginnend mit Schritt 1 fortgesetzt. Das Verfahren endet, wenn $G(u)$ minimal ist.

Abb. 8: Ein Preisanpassungsprozeß für das dynamische Modell

3.7.2 Näherungslösungen

Bei häufiger Neuplanung ist eine jeweilige Bestimmung von Lösungen $(\bar{u}, \bar{d}, \bar{f})$ aus der Verrechnungspreisstruktur oftmals zu aufwendig, weshalb diese Daten durch Schätzungen oft nur näherungsweise bestimmt werden. Im vorangegangenen Kapitel wurde in Abschnitt 2.7 eine Möglichkeit zur Abschätzung von Näherungslösungen dargestellt. Analog sollen in diesem Unterabschnitt Abschätzungen bei Verwendung geschätzter Verrechnungspreise bzw. Intensitäten vorgestellt werden. Dabei werden die geschätzten Daten jeweils mit einem hochgestellten Dach kenntlich gemacht.

Verrechnungspreise Die Unternehmensleitung gibt den einzelnen Stellen geschätzte Verrechnungspreise $\hat{u} \in I\!R_+^{n\times T}$ vor, mit denen die Veräußerungsstellen ihre optimalen Veräußerungsmengen $\hat{y}_i \in Y_i$ auf Basis des jeweiligen Teilplanungsproblems $EV_i^{\max}(\cdot)$ bestimmen. Weiter werden die stückkostenminimalen Intensitäten $\hat{d}_i \in D_i$ sowie die stückkostenminimalen Lagerhaltungsanteile $\hat{f}_i \in [0,1]^T$ für alle Zeitpunkte t

$$\min_{\substack{d_i^t \in D_i^t,\\ f_i^t \in [0,1]}} \left[\sum_{j=1}^{n} \left(a_{ji}^t(d_i^t)\hat{u}_j^t + k_i^t\right)\left(1 - f_i^t\right) + \left(\hat{u}_i^{t-1} + L_i^{t-1}\right)f_i^t\right], \quad i = 1, \ldots, m$$

$$\min_{\substack{d_i^t \in D_i^t,\\ f_i^t \in [0,1]}} \left[\sum_{j=1}^{n} a_{ji}^t(d_i^t)\hat{u}_j^t\left(1 - f_i^t\right) + \left(\hat{u}_i^{t-1} + L_i^{t-1}\right)f_i^t\right], \quad i = m+1, \ldots, n$$

in den jeweiligen Stellen bestimmt. Die Unternehmensleitung bestimmt abschließend die benötigten Gesamtleistungen $\hat{w}_i \in R_+^T$ der jeweiligen Stellen mit den entsprechenden Parametern rekursiv aus den dynamischen Bilanzgleichungen für alle Zeitpunkte

$$\hat{w}_t = \left[E - A^t(\hat{d}^t)(1 - \hat{f}^t)\right]^{-1}\left(\hat{f}^{t+1}\hat{w}^{t+1} + \hat{y}^t\right).$$

Mit den geschätzten Verrechnungspreisen $\hat{u}$ und den daraus abgeleiteten optimalen Veräußerungsmengen $\hat{y}_i$, Gesamtleistungsmengen $\hat{w}_i$, stückminimalen Intensitäten $\hat{d}_i$ und Lagerhaltungsanteilen $\hat{f}_i$ kann der maximal zu erzielende Geschäftserfolg $E^{\max}$ abgeschätzt werden.

Satz 3.7.2 *Sind der maximal erzielbare Geschäftserfolg $E^{\max}$ und die oben dargestellten Parameter $(\hat{w}, \hat{y}, \hat{d}, \hat{f})$ gegeben, dann gilt unter der Voraussetzung der Existenz der Parameter folgende Abschätzung*

$$E^{\max} \leq E(\hat{y}, \hat{w}, \hat{d}, \hat{f}) + \delta, \quad \textit{mit } \delta = \sum_{i=1}^{n} \Big(EG_i^{\max}(\hat{u}) - EG_i(\hat{w}_i, \hat{d}_i, \hat{f}_i, \hat{u}) \Big).$$

Beweis in Anlehnung an Satz 2.7.4. Ist $\tilde{w}_i$ die optimale Gesamtstellenleistung

$$EG_i^{\max}(\hat{u}) = EG_i(\tilde{w}_i, \hat{d}_i, \hat{f}_i, \hat{u}) = \max_{w_i \geq 0} \Big[EG_i(w_i, \hat{d}_i, \hat{f}_i, \hat{u}) \Big],$$

dann ist $(\hat{y}, \tilde{w}, \hat{d}, \hat{f})$ eine Maximalstelle der Lagrangefunktion $L(\cdot, \hat{u})$, und deshalb gilt nach dem schwachen Dualitätssatz und Lagrangefunktionsdarstellung aus Anhang $A.2$

$$\begin{aligned}
&E^{\max} \\
&\leq L(\hat{y}, \tilde{w}, \hat{d}, \hat{f}, \hat{u}) \\
&= \sum_{i=1}^{n} EG_i(\tilde{w}_i, \hat{d}_i, \hat{f}_i, \hat{u}) + \sum_{i=m+1}^{n} EV_i(\hat{y}_i, \hat{u}) \\
&= \sum_{i=1}^{n} \Big(EG_i^{\max}(\hat{u}) + EG_i(\hat{w}_i, \hat{d}_i, \hat{f}_i, \hat{u}) - EG_i(\hat{w}_i, \hat{d}_i, \hat{f}_i, \hat{u}) \Big) + \sum_{i=m+1}^{n} EV_i(\hat{y}_i, \hat{u}) \\
&= \sum_{i=1}^{n} EG_i(\hat{w}_i, \hat{f}_i, \hat{d}_i, \hat{u}) + \sum_{i=m+1}^{n} EV_i(\hat{y}_i, \hat{u}) + \delta \\
&= L(\hat{y}, \hat{w}, \hat{d}, \hat{f}, \hat{u}) + \delta \\
&= E(\hat{y}, \hat{w}, \hat{d}, \hat{f}) + \delta.
\end{aligned}$$

Dabei wird bei der letzten Umformung berücksichtigt, daß nach Konstruktion die Parameter $(\hat{y}, \hat{w}, \hat{d}, \hat{f})$ die Bilanzgleichungen erfüllen. □

Der maximal erzielbare Gesamterfolg $E^{\max}$ kann im Vergleich zu dem durch die geschätzten Verrechnungspreise erzielten Gesamterfolg $E(\hat{y}, \hat{w}, \hat{f}, \hat{d})$ höchstens um den Wert δ höher sein. Der Wert δ gibt den Betrag an, der verloren geht, da anstelle der optimalen Gesamtleistungen $\tilde{w}$ die „angepaßten" Gesamtleistungen $\hat{w}$ gewählt wurden.

Für die Intensitäten In diesem Teil sind die Intensitäten $\hat{d}_i^t$ näherungsweise vorgegeben. Damit werden aus der Verrechnungspreisstruktur für alle

Zeitpunkte t

$$u_i^t = \min_{f_i^t \in [0,1]} \Big[\sum_{j=1}^{n} \big(a_{ji}^t(\hat{d}_i^t) u_j^t + k_i^t\big)\big(1 - f_i^t\big) + \big(u_i^{t-1} + L_i^{t-1}\big) f_i^t \Big], \quad i = 1, \ldots, m$$
$$u_i^t = \min_{f_i^t \in [0,1]} \Big[\sum_{j=1}^{n} a_{ji}^t(\hat{d}_i^t) u_j^t \big(1 - f_i^t\big) + \big(u_i^{t-1} + L_i^{t-1}\big) f_i^t \Big], \quad i = m+1, \ldots, n$$

näherungsweise optimale Verrechnungspreise $\hat{u}$ und Lagerhaltungsanteile $\hat{f}$ bestimmt. Mit den gewonnenen Verrechnungspreisen können dann von Veräußerungsstelle i optimale Veräußerungsmengen $\hat{y}$ auf Basis der entsprechenden Teilplanungsprobleme $EV_i^{\max}(\cdot)$ bestimmt werden. Abschließend werden die optimalen Gesamtstellenleistungen $\hat{w}$ über die dynamischen Bilanzgleichungen ermittelt. Für dieses Vorgehen gilt folgende Abschätzung

Satz 3.7.3 *Sind der maximal erzielbare Geschäftserfolg $E^{\max}$ und die oben dargestellten Parameter $(\hat{w}, \hat{y}, \hat{d}, \hat{f})$ gegeben, dann gilt unter der Voraussetzung der Existenz der Parameter folgende Abschätzung*

$$E^{\max} \leq E(\hat{y}, \hat{w}, \hat{d}, \hat{f}) + \delta, \qquad \textit{mit } \delta = \sum_{i=1}^{n} \big(EG_i^{\max}(\hat{u}) - EG_i(\hat{w}_i, \hat{d}_i, \hat{f}_i, \hat{u})\big).$$

Beweis Wird im vorangegangenen Beweis $(\hat{y}, \tilde{w}, \hat{d}, \hat{f})$ durch $(\hat{y}, \tilde{w}, \tilde{d}, \tilde{f})$ ersetzt, wobei

$$\max_{w_i \geq 0, d_i \in D_i, f_i \in [0,1]^T} EG_i(w_i, d_i, f_i, \hat{u}) := EG_i(\tilde{w}_i, \tilde{d}_i, \tilde{f}_i, \hat{u})$$

gilt, so folgt die Behauptung. □

Auch in diesem Fall ergibt sich die gleiche Interpretation wie im vorangegangenen Satz. Der maximal erzielbare Gesamterfolg $E^{\max}$ kann im Vergleich zu dem nach dem oben beschriebenen Vorgehen näherungsweise bestimmten Gesamterfolg $E(\hat{y}, \hat{w}, \hat{d}, \hat{f})$ höchstens um den Wert δ größer sein. Der Wert δ gibt ebenfalls den Betrag an, der verloren geht, weil anstelle der optimalen Gesamtleistungen $\tilde{w}$ die „angepaßten“ Gesamtleistungen $\hat{w}$ gewählt werden.

3.8 Zusammenfassung, Kritik und Ausblick

In diesem Abschnitt wird der dynamische Fall kritisch hinterfragt. Ausgangspunkt der Diskussion sind die hinter der Modellierung steckenden Annahmen, die auf ihre Konsequenzen hinsichtlich der Modellierung untersucht werden.

Kurze Zusammenfassung Als Hauptergebnis kann neben der Kostenstellenaufteilung die erhaltene Charakterisierung geeigneter Verrechnungspreise angesehen werden. Bei der Kostenstellenaufteilung zeigte sich in Abschnitt 3.3, daß eine Einführung entsprechender Zustandsvariablen für die Lagerhaltung bei Zurückführung auf den statischen Fall zu unzulässigen Lösungen führen kann. Zur Umgehung dieser Problematik wurden im selben Abschnitt Beschaffungs- bzw. Produktionsstellen mit den entsprechenden Lagerhaltungsstellen zu einer Gesamtstelle zusammengefaßt.

Bei der Frage der Koordination dezentraler Stellenentscheidungen zu optimalen Gesamtunternehmensentscheidungen konnten geeignete Verrechnungspreise als Lösung $(\bar{u}, \bar{d}, \bar{f})$ folgender Verrechnungspreisstruktur charakterisiert werden[13]

$$u_i^t \;=\; \min_{d_i^t \in D_i^t,\, f_i^t \in [0,1]} \left[\sum_{i=1}^{n} \left(a_{ji}^t(d_i^t) u_j^t + k_i^t \right) \left(1 - f_i^t\right) + \left(u_i^{t-1} + L_i^{t-1} \right) f_i^t \right],$$

deren Form als „dynamisches Gleichungs- bzw. Stufenleiterverfahren“ interpretiert werden kann. Weiter war es möglich, die Existenz bzw. Berechnungsmöglichkeiten von Lösungen der Verrechnungspreisstruktur für lineare, einfach-zusammenhängende und komplexe Produktionsstrukturen zu zeigen.

Kritik und Ausblick Ausgangspunkt der dynamischen Modellformulierung war eine Produktionsfunktion vom Typ E nach *Küpper* [1979]. Dabei wurde eine offene Produktion mit der Begründung gewählt, daß die Verweilzeit im Vergleich zur Betrachtungszeit vernachlässigbar gering sein soll. Diese Wahl stellt allerdings keine Einschränkung dar, da leicht ersichtlich

[13] Mit $k_i^t = 0$ $(i = m+1, \ldots, n,\ t = 1, \ldots, T)$.

ist, daß eine analoge Betrachtung für den Typ II der geschlossenen Produktion möglich ist. Eine Übertragung der Modellierung auf den Typ III ist durch die Wahl geeigneter Zustandsvariablen (vgl. *Wohltmann/Roski* [1985, S. 743]) ebenfalls denkbar. Allerdings lassen sich prinzipielle Gründe gegen die Produktionsfunktion von *Küpper* [1979] einwenden (vgl. hierzu etwa *May* [1991, S. 99 ff.]).

Weiter wurde in der Analyse von unbeschränkten internen Leistungen und einer unbeschränkten Lagerhaltung zu jedem Zeitpunkt ausgegangen. Die Möglichkeit einer Integration mengenmäßiger Beschränkungen innerhalb der Modellierung ist durch die Einführung der Größen

$$\begin{aligned} &x_i^t \leq x_i^{t_{max}}, \quad z_i^t \leq z_i^{t_{max}} \\ &w_i^t := (x_i^t + z_i^{t-1}) \in [0, w_i^{t_{max}} := x_i^{t_{max}} + z_i^{t-1_{max}}] \\ &f_i^t \in [0, f_i^{t_{max}}] \end{aligned}$$

möglich. Dies führt zu folgender Verrechnungspreisstruktur zum Zeitpunkt t $(t = 1, \ldots, T)$ für alle i $(i = 1, \ldots, n)$

$$u_i^t = \min_{d_i^t \in D_i^t, f_i^t \in [0,1]} \left[\sum_{i=1}^{n} \left(a_{ji}^t(d_i^t) u_j^t + k_i^t \right) \left(1 - f_i^t \right) + \left(u_i^{t-1} + L_i^{t-1} \right) f_i^t + v_i^t \right],$$

$$\begin{aligned} \text{mit} \quad &v_i^t \geq 0 \\ &v_i^t (w_i^t - w_i^{t_{max}}) = 0 \\ &w_i^t \leq w_i^{t_{max}}. \end{aligned}$$

Der Lagrangefaktor v_i^t der zusätzlich berücksichtigten Beschränkungen $w_i^t \leq w_i^{t_{max}}$ gibt den Knappheitspreis der i-ten Ressource zur Zeit t an. Dies verdeutlichen die beiden letzten Kuhn-Tucker-Bedingungen

$$\begin{aligned} v_i^t (w_i^t - w_i^{t_{max}}) &= 0 \\ w_i^t &\leq w_i^{t_{max}}, \end{aligned}$$

die besagen, wie der Knappheitspreis v_i^t zu wählen ist: Wird die Leistungsmenge w_i^t nicht bis zur Obergrenze $w_i^{t_{max}}$ ausgeschöpft, so erhält die „nicht knappe" Gesamtstellenleistung w_i^t einen Preis in Höhe von $v_i^t = 0$. Bei einer Übernachfrage der Gesamtstellenleistung soll ein Knappheitspreis $v_i^t > 0$ so gewählt werden, daß die Nachfrage nach der Gesamtstellenleistung $w_i^t = w_i^{t_{max}}$ ausgeschöpft wird. Problematisch hierbei ist eine Bestimmung des

Knappheitspreises v_i^t, der im zweiten Fall von der optimalen Gesamtstellenleistung w_i^t abhängt.

Die Struktur der Erlösfunktion, der Lager- und der Rohstoffstückkosten muß prinzipiell separabel in den einzelnen Stellen sein, was Marktinterdependenzen ausschließt. Weiter wurden entscheidungsabhängige Fixkosten vernachlässigt, was bei einer längerfristigen Betrachtung problematisch ist. Zudem mußten bei der Modellierung sowohl Rohstoff- als auch Lagerhaltungskosten linear in den entsprechenden Variablen sein.

Das in diesem Kapitel beschriebene dynamische Modell kann als ein mehrstufiges Losgrößenmodell vom Wagner/Whitin-Typ interpretiert und entsprechend im Rahmen der Produktionsplanung eingesetzt werden. Untersuchenswert wäre, inwieweit dies im Rahmen der hierarchischen Produktionsplanung[14], die vor allem wegen ihrer Möglichkeit unterschiedliche Teilaufgaben der Produktionsplanung miteinander problemadäquat zu verbinden geschätzt wird, möglich wäre.

[14]Vgl. zur hierarchischen Produktionsplanung etwa *Kistner/Steven* [1989, 1993].

Kapitel 4

Berücksichtigung von asymmetrischer Information

4.1 Problemstellung und Vorgehensweise

Innerhalb des Grundmodells von *Hellwig* [1989] wurde das betrachtete Unternehmen als Technologie zur Transformation von Input- in Outputfaktoren in einer Welt der Sicherheit modelliert. Als Unternehmenszielsetzung wurde dabei die Maximierung des Gesamterfolgs (als Differenz von bewertetem Output und Input angesehen) und dementsprechend die Input- bzw. Outputfaktoren gewählt. Bei dieser Unternehmenssichtweise wurden Mitarbeiter als Elementarfaktoren aufgefaßt, deren Einsatz im Produktionsprozeß keine Unterschiede zu anderen Faktoren, wie etwa Rohstoffen, mit sich bringt.

Ein Unternehmen besteht allerdings aus Menschen, die eigennützig handeln und in einer Welt der Unsicherheit versuchen, Informationsasymmetrien auszunützen. Durch eine entsprechende Vertragsgestaltung wird versucht dem entgegenzutreten. Dies wird als Anreizproblematik bezeichnet.[1]

---

[1]In neuen Arbeiten wird eine asymmetrische Informationsverteilung bei der Verrechnungspreisbildung mitberücksichtigt. Beispielsweise untersuchten *Harris/Kriebel/Raviv* [1982], *Banker/Data* [1992], *Pfaff/Leuz* [1995] Koordinationsmechanismen, basierend auf dem Groves-Schema für einen Engpaß bei Risikoneutralität der Beteiligten. *Ronen/Balachandran* [1988] erweiterten die *Ronen/McKinney*-Analyse [1970]; *Amershi/Cheng* [1990] unter anderem die klassische *Hirshleifer*-Analyse [1956, 1957, 1964] um

Im folgenden wird die Verrechnungspreisbildung unter Berücksichtigung dieses Aspektes innerhalb des Grundmodells von *Hellwig* [1989] untersucht. Dabei steht der Einfluß von Risikoallokation und Anreizproblematik im Vordergrund der Betrachtungen.

Vorgehensweise Eine Beantwortung dieser Frage setzt zuerst einmal eine allgemeine Analyse vertraglicher Regelungen zwischen Individuen voraus. Dies ist Gegenstand des Standardmodells der normativen Agency-Theorie, das in den Abschnitten 4.2 bis 4.4 dargestellt wird. Zur Beantwortung des formulierten Untersuchungsziels werden in den weiteren Abschnitten Elemente eines speziellen Standardmodells - des sogenannten LEN-Modells von *Spremann* [1987, 1988] - in das Grundmodell von *Hellwig* [1989] integriert.

Das Standardmodell (4.2) der normativen Agency-Theorie beschreibt die Aufteilung eines Ergebnisses zwischen zwei Parteien - Prinzipal und Agent - unter dem Aspekt der Informationsasymmetrie (d. h. eine der beiden Parteien - üblicherweise der im Auftrag des Prinzipals handelnde Agent - hat einen Informationsvorsprung). Das aufzuteilende Ergebnis hängt dabei von den Faktoren Zufall und Wahl einer Aktion durch den Agenten ab. Die Informationsasymmetrie wird dadurch modelliert, daß der Prinzipal das Ergebnis, nicht aber die Aktion des Agenten beobachten kann (*hidden action*).

Zur Lösung des Standardmodells gibt es im wesentlichen drei Ansätze. Als der geschlossenste Ansatz gilt der sogenannte MH-Ansatz, der von Autoren wie *Mirrlees* [1974, 1976], *Holmström* [1979, 1982] und *Shavell* [1979] entwickelt worden ist, und der für das weitere Vorgehen benützt werden soll.

Zur Untersuchung der Einflüsse Risikoallokation und Anreizproblematik werden verschiedene (Referenz-)Situationen untersucht: Die Risikoallokationssituation, die die Risikoallokationsproblematik isoliert von der Anreizproblematik untersucht (4.3.1). Darauf aufbauend wird die First-best-Situation dar-

diese Fragestellung. Dabei werden oftmals spieltheoretische Methoden des auf *Myerson* [1979, 1982, 1983] zurückgehenden „Mechanism Design“ (vgl. hierzu etwa *Myerson* [1990], *Fudenberg/Tirole* [1993, S. 245-292]) verwendet, zu dem auch das *Groves*-Schema zu rechnen ist.

gestellt, die eine Ergebnisaufteilung bei Informationssymmetrie zum Inhalt hat (4.3.2). Nach diesen Vorbetrachtungen kann in der Second-best-Situation die Vertragsgestaltung bei Informationsasymmetrie und damit das Wirken von Risikoallokation und Anreizproblematik untersucht werden (4.3.3). Ein Ergebnis der Untersuchungen ist, daß unter gewissen Bedingungen in der Second-best-Situation gegenüber der First-best-Situation ein Verlust hinsichtlich der Aufteilung des Kooperationsergebnisses entsteht, bezogen auf die Zielsetzung der jeweiligen Personen. Diesen Verlust zu quantifizieren ist Gegenstand von Unterabschnitt 4.3.4.

Daran anschließend wird das für die weiteren Analysen benötigte LEN-Modell von *Spremann* [1987, 1988] dargestellt (4.4), welches durch zusätzliche Annahmen gegenüber dem Standardmodell explizite Lösungen ermöglicht.

Eine Integration von Komponenten des LEN-Modells in das Grundmodell von *Hellwig* [1989] ermöglicht eine Untersuchung des Grundmodells bezüglich des Aspektes „asymmetrischer Information". Im Mittelpunkt der Untersuchungen steht der Einfluß von Risikoallokation und Anreizproblematik, der in den (Referenz-)Situationen Risikoallokations- (4.6), First-best- (4.7) und Second-best-Situation (4.8) analysiert wird. Dies ermöglicht zum einen Aussagen zur Verrechnungspreisbildung, die als Erweiterungen des Gleichungsverfahrens angesehen werden können. Zum anderen ermöglichen die Verrechnungspreise Aussagen über die Vertragsgestaltung, die den Erkenntnissen des Standard- bzw. LEN-Modells aus den Abschnitten 4.2 bis 4.4 entsprechen.

Analog zum Standardmodell entsteht unter gewissen Bedingungen, bei der Ergebnisaufteilung zwischen der Unternehmensleitung und den Bereichen, ein Verlust in der Second-best- gegenüber der First-best-Situation. Dieser wird quantifiziert und über die Verrechnungspreise abgeschätzt (4.9). Zusammenfassung, Kritik und Ausblick schließen das Kapitel ab.

Teil I: Das Standardmodell der Prinzipal-Agenten-Theorie

4.2 Der Ansatz von Mirrlees und Holmström

4.2.1 Literatureinbettung

Gegenstand der Agency-Theorie ist die Analyse und die optimale Gestaltung vertraglicher Regelungen zwischen eigennützig handelnden Individuen. Die Agency-Theorie wird dem Vorschlag *Jensens* [1983, S. 334] folgend in eine deskriptive (oftmals auch positive Agency-Theorie genannt) und in eine normative Agency-Theorie (für die oftmals der Begriff Prinzipal-Agenten-Theorie verwendet wird) unterteilt.

Der erste Zweig der Agency-Theorie - die deskriptive Agency-Theorie - beinhaltet die Beschreibung und Erklärung der institutionellen Gestaltung von Auftragsbeziehungen. Hierbei wird insbesondere versucht, das Zustandekommen von Vertragsgestaltungen in der Realität zu erklären (*Elschen* [1991, S. 1006]). Oftmals kommt der deskriptiven Agency-Theorie ein empirischer Charakter zu.

Die normative Agency-Theorie ist demgegenüber eine formale Theorie, die aus Annahmen durch Deduktion und einer meist mathematischen Beweisführung, Empfehlungen über die Vertragsgestaltung ableitet (*Elschen* [1991, S. 1006]). Dabei wird nach *Barnea/Haugen/Senbet* [1985, S. 26 ff.] zwischen ökonomischer und finanzieller Prinzipal-Agenten-Theorie unterschieden.

Während sich die finanzielle Prinzipal-Agenten-Theorie primär mit der Vertragsgestaltung im Rahmen von Finanzierungsbeziehungen beschäftigt, steht bei der ökonomischen Prinzipal-Agenten-Theorie die Analyse von Vertragsgestaltungen zwischen Unternehmensleitung und (Geschäfts-)Bereichsleitung im Vordergrund.

Das Problem der Verhaltensunsicherheit ergibt sich aufgrund von Informationsasymmetrie (d. h. eine der beiden Parteien - üblicherweise der Agent - hat einen Informationsvorsprung) und der Annahme, daß die Zielsetzungen beider Parteien nicht identisch sind. In der Literatur werden verschiedene Arten von Informationsasymmetrien aufgrund des Vertragsabschlußzeitpunktes, des Entscheidungszeitpunktes und des Entlohnungszeitpunktes klassifiziert.[2]

Die überwiegende Anzahl der ökonomischen Prinzipal-Agenten-Veröffentlichungen, wie auch das Standardmodell der normativen Agency-Theorie, modelliert die Informationsasymmetrie über den Typ *„hidden action"*. Dabei ergibt sich die Informationsasymmetrie, daß der Prinzipal zwar das Ergebnis, allerdings weder die Aktion des Agenten direkt beobachten, noch indirekt Rückschlüsse darüber ziehen kann.

4.2.2 Eine erste Modellierung

Gegenstand des Standardmodells der normativen Agency-Forschung ist die Aufteilung eines Ergebnisses $x \in X$ zwischen einem Prinzipal und einem Agenten, der im Auftrag des Prinzipals handelt. Dabei hängt das Ergebnis von der Wahl einer Aktion $a \in A$ durch den Agenten sowie von einem exogenen Zufallseinfluß $\omega \in \Omega$ ab

$$x : A \times \Omega \rightarrow R, \qquad x = x(a, \omega).$$

Die Menge A beschreibt dabei die Menge der realisierbaren Aktionen des Agenten und Ω die Menge der möglichen Umweltzustände ω. Die Verteilung

[2]Klassifikationen finden sich beispielsweise in *Breid* [1995, S. 824], *Kiener* [1990, S. 24].

der Umweltzustände wird durch die Dichtefunktion $f(\omega)$ beschrieben, welche sowohl vom Prinzipal als auch vom Agenten bei ihren Entscheidungen zugrundegelegt wird.

Zwischen beiden Parteien - Prinzipal und Agent - wird ein Kooperationsvertrag geschlossen, der die Aufteilung des Ergebnisses festlegt. Der Kooperationsvertrag wird durch eine Entlohnungsfunktion $s(\cdot)$ beschrieben, die von für beide Parteien beobachtbaren Größen abhängt. Dabei erhält der Agent, je nach realisiertem Ergebnis, eine Belohnung in Höhe von $s(x)$; während dem Prinzipal der Restwert in Höhe von $x - s(x)$ zufällt.

Das Entscheidungsverhalten beider Parteien wird über das Konzept des Erwartungsnutzens modelliert. Die Risikonutzenfunktion des Prinzipals $G(\cdot)$ bzw. Agenten $H(\cdot)$ ist gegeben durch

$$G(\cdot) = G\big(x - s(x)\big) \qquad H(\cdot) = H\big(s(x), a\big),$$

wobei dem Prinzipal die Risikonutzenfunktion des Agenten bekannt ist.

Der Agent akzeptiert den Vertrag nur, falls ihm dieser einen Reservationsnutzen in Höhe von $\bar{U}$ garantiert

$$E\Big[H\big(s(x), a\big)\Big] \geq \bar{U}.$$

Üblicherweise wird davon ausgegangen, daß sich die Höhe des Reservationsnutzens $\bar{U}$ aus alternativen Beschäftigungsmöglichkeiten des Agenten durch den Markt ergibt. Deshalb wird diese Bedingung, die beiden Parteien bekannt ist, auch als *Marktbedingung* bezeichnet.

Im Mittelpunkt der Untersuchungen steht der Einfluß von Risikoallokation und Anreizproblematik. Unter dem Risikoallokationsproblem versteht man die Aufteilung eines risikobehafteten Ergebnisses auf mehrere Personen. Unter der Anreizproblematik soll folgendes zu verstehen sein: Durch die Vertragsgestaltung versucht der Prinzipal Anreize zu setzen, die den aus Eigennutz handelnden Agenten zu Entscheidungen in seinem Sinne bewegen sollen.

Zur Untersuchung dieser Einflüsse werden im folgenden drei Situationen betreffend der Ergebnisaufteilung zwischen beiden Parteien betrachtet: Zum einen die *Risikoallokationssituation*, bei der die Risikoallokationsproblematik isoliert von der Anreizproblematik untersucht wird. Darauf aufbauend wird bei der sogenannten *First-best-Situation* die Aufteilung des unsicheren Ergebnisses bei Informationssymmetrie der Parteien behandelt. Beide Situationen erfüllen die Funktion von Referenzmodellen für den eigentlichen Untersuchungsgegenstand der *Second-best-Situation*,[3] bei der es um die Vertragsgestaltung und Ergebnisaufteilung unter Informationsasymmetrie geht. In dieser Situation wird bei der Vertragsgestaltung sowohl Risikoallokation als auch Anreizproblematik berücksichtigt.

Die Risikoallokationssituation Die Risikoallokationssituation beschreibt die Aufteilung eines risikobehafteten Ergebnisses auf mehrere Personen und der damit verbundenen vertraglichen Gestaltung.[4] Dabei wird von einer beliebig, aber fest gewählten Aktion $\bar{a}$ des Agenten ausgegangen. Damit wird von der Wahl einer Aktion durch den Agenten und der Anreizproblematik abstrahiert, was zur ausschließlichen Untersuchung der Risikoallokation des zufälligen Ergebnisses zwischen Prinzipal und Agent führt.

Die Bestimmung eines optimalen Kooperationsvertrags geschieht üblicherweise aus Sicht des Prinzipals. Der Prinzipal versucht dabei, seinen erwarteten Nutzen unter Berücksichtigung der Marktbedingung zu maximieren, wobei die Wahl einer Aktion $\bar{a}$ durch den Agenten fest vorgegeben ist.

$$E\Big[G\big(x - s(x)\big)\Big] \rightarrow \max_{s(x)}$$

Unter der Nebenbedingung

$$E\Big[H\big(s(x), \bar{a}\big)\Big] \geq \bar{U}.$$

Zur Lösung des Standardmodells gibt es im wesentlichen drei Ansätze. Als der geschlossenste Ansatz gilt ein von *Mirrlees* [1974, 1976] und *Holmström* [1979,

[3]Es wird in den drei Situationen aus Vergleichsgründen jeweils von denselben Größen $G(\cdot)$, $H(\cdot)$, $\bar{U}$, $f(\cdot)$ etc. ausgegangen.

[4]Dies ist auch ein Untersuchungsgegenstand der *„theory of syndicates“* (vgl. hierzu *Wilson* [1968], *Raiffa* [1973] etc.).

1982] entwickeltes Vorgehen (kurz MH-Ansatz genannt), das in Abschnitt 4.2.4 vorgestellt wird. Mit diesem Ansatz ist in Unterabschnitt 4.3.1 eine Untersuchung des Risikoallokationsproblems möglich.

First-best-Situation Die First-best-Situation beschreibt die Aufteilung und vertragliche Gestaltung eines risikobehafteten Ergebnisses zwischen Prinzipal und Agent unter Informationssymmetrie. Dabei wird davon ausgegangen, daß der Prinzipal die Aktion a des Agenten beobachten kann oder ihm die Beobachtung anderer Größen (wie etwa die des realisierten Umweltzustandes) eindeutige Rückschlüsse auf sie erlaubt. Sie stellt eine Referenzsituation für die Second-best-Situation dar.

Die Bestimmung eines optimalen Kooperationsvertrags erfolgt aus Sicht des Prinzipals. In der First-best-Situation versucht der Prinzipal seinen erwarteten Nutzen bezüglich der Vertragsgestaltung unter Berücksichtigung der Marktbedingung zu maximieren. Hinzu kommt die Festlegung der Aktion a durch den Prinzipal, der aufgrund der Beobachtbarkeit der Aktion den Agenten zu der von ihm gewünschten Aktion über eine entsprechende Vertragsgestaltung zwingen kann.

$$E\Big[G\big(x - s(x)\big)\Big] \to \max_{s(x),a}$$

Unter der Nebenbedingung

$$E\Big[H\big(s(x), a\big)\Big] \geq \bar{U}.$$

Aufbauend auf den in Abschnitt 4.2.4 vorgestellten MH-Ansatz, wird in Abschnitt 4.3.2 die First-best-Situation untersucht.

Second-best-Situation In der Second-best-Situation geht man davon aus, daß eine asymmetrische Informationsverteilung vorliegt. Der Prinzipal kann nur das Ergebnis x, die Aktion a des Agenten, aber weder direkt noch indirekt über andere Größen beobachten. Bei dieser Problematik wirken sowohl Risikoallokation als auch die Anreizproblematik zusammen.

Nach Vertragsabschluß ist der Agent mit der Entlohnungsfunktion $s(\cdot)$ konfrontiert, die als gegeben in seine Überlegungen eingeht. Er wählt anschließend eine (vom Prinzipal nicht beobachtbare) Aktion a so aus, daß sein erwarteter Nutzen maximiert wird. Formal ergibt sich für den Agenten nach Vertragsabschluß folgendes Entscheidungsproblem

$$E\Big[H\Big(s(x(a,\omega)),a\Big)\Big] \to \max_{a\in A}.$$

Diese *Anreizbedingung* wird üblicherweise durch

$$a \in arg\max_{a\in A} E\Big[H\Big(s(x),a\Big)\Big]$$

beschrieben. D. h. die Aktion a soll der Menge der Argumente angehören, die den Erwartungsnutzen des Agenten maximieren. Durch diese Bezeichnung wird der Möglichkeit, daß kein eindeutiges Maximum existiert, Rechnung getragen.

Die Bestimmung eines optimalen Kooperationsvertrags erfolgt analog zu den Referenzsituationen aus Sicht des Prinzipals. Im Gegensatz zu der First-best-Situation ist in der Second-best-Situation die Anreizbedingung mitzuberücksichtigen. Das Optimierungsproblem lautet daher

$$E\Big[G\Big(x-s(x)\Big)\Big] \to \max_{s(x),a}$$

Unter den Nebenbedingungen

$$E\Big[H\Big(s(x),a\Big)\Big] \geq \bar{U}$$

$$a \in arg\max_{a\in A} E\Big[H\Big(s(x),a\Big)\Big].$$

Nach Analyse der Referenzsituationen - Risikoallokations- (4.3.1) und First-best-Situation (4.3.2) - über den MH-Ansatz wird in Abschnitt 4.3.3 die Second-best-Situation untersucht.

4.2.3 Verschiedene Lösungsansätze

In der Literatur finden sich im wesentlichen drei Ansätze zur Bestimmung optimaler Kooperationsverträge zwischen Prinzipal und Agent für das Standardmodell der normativen Agency-Theorie.

Der erste Ansatz geht auf *Spence/Zeckhauser* [1971], *Ross* [1973, 1974] sowie *Harris/Raviv* [1979] zurück. Hierbei wird der funktionale Zusammenhang zwischen der Aktion a des Agenten, dem Umweltzustand ω und dem daraus resultierenden Ergebnis x explizit verwendet und mit der Verteilung des Umweltzustandes gearbeitet. D. h. alle Erwartungswerte in der Optimierungsaufgabe werden bezüglich dieser Verteilung berechnet. Dieses Modell wird daher oft als *Umweltzustandsmodell* bezeichnet. Die Anreizbedingung wird über die notwendige Bedingung in das Prinzipal-Agentenproblem integriert, was üblicherweise als First-Order-Ansatz bezeichnet wird. Durch diese, in nicht allen Fällen, mathematisch korrekte Vereinfachung (vgl. *Rogerson* [1985], *Grossman/Hart* [1983], *Holmström* [1979] etc.) kann das Prinzipalproblem gelöst werden. Allerdings muß dazu angenommen werden, daß das Bezahlungsschema für jedes Ergebnis auf ein endliches Intervall eingeschränkt wird. Dies führt dazu, daß die für den First-Order-Ansatz benötigte Ableitung des Zahlungsschemas am Rand des vorgegebenen Intervalls nicht existiert und daher an dieser Stelle Probleme bei der Charakterisierung geeigneter Belohnungsschemata auftreten können. Dies führt auf einen von *Mirrlees* [1974, 1976] entwickelten und von anderen Autoren (*Holmström* [1979, 1982], *Shavell* [1979] etc.) weitergeführten Ansatz (kurz MH-Ansatz), der diese Problematik vermeidet. Dieser Ansatz wird im folgenden dargestellt.

Im MH-Ansatz wird ebenfalls ein First-Order-Vorgehen verwendet. Zur Vermeidung des First-Order-Ansatzes entwickelten *Grossman/Hart* [1983] ein alternatives Vorgehen. Neben gängigen Separabilitätsvoraussetzungen an die Nutzenfunktion des Agenten, bezüglich Einkommen und Aktionenwahl, wird von einer endlichen Anzahl von möglichen Ergebnissen ausgegangen. Eine Bestimmung des optimalen Anreizvertrags erfolgt in zwei Schritten. Im ersten Schritt wird bei gegebener Aktion des Agenten ein dazu kostenminimaler Vertrag bestimmt. Aufgrund der Separabilitätseigenschaft der Nutzenfunktion kann dieses Problem als konvexes Optimierungsproblem mit linearen Nebenbedingungen formuliert und über die dazugehörigen Kuhn-Tucker-Bedingungen gelöst werden. Als zweiter Schritt erfolgt die Ermittlung der optimalen Aktion unter Berücksichtigung der in Schritt eins ermittelten kostengünstigsten Anreizverträge.

4.2.4 Der MH-Ansatz

Im folgenden werden die Ergebnisse des von *Mirrlees* [1974, 1976] und *Holmström* [1979, 1982] entwickelten MH-Ansatzes insoweit dargestellt, als sie für spätere Überlegungen zur asymmetrischen Verrechnungspreisbildung von Bedeutung sind.

In diesem Ansatz wird das Ergebnis $x \in X := [x_0, x_1]$ als Zufallsvariable mit einer durch die Aktion a parametrisierten Dichtefunktion $f(x, a)$ angesehen. Bei diesem Ansatz findet keine Trennung mehr zwischen Aktion und Zufallseinfluß statt: Das Ergebnis selbst wird als unsichere Größe aufgefaßt. Dieser Ansatz wird daher oft als *Ergebnisverteilungsmodell* bezeichnet. Bei einer vorgegebenen Verteilung von ω gelangt man immer über den funktionalen Zusammenhang des Ergebnisses $x(a, \omega)$ zur parametrisierten Dichtefunktion $f(x, a)$.[5]

Die Dichtefunktion ist auf X echt positiv und ansonsten Null. Der Träger der Dichte ist unabhängig von der gewählten Aktion

$$\begin{aligned} f(x,a) > 0, \quad \forall a \in A, \quad x \in [x_0, x_1] \\ f(x,a) = 0, \quad \forall a \in A, \quad x \notin [x_0, x_1]. \end{aligned}$$

Weiter existiert für jede Aktion a die partielle Ableitung der zur Dichte $f(\cdot)$ gehörenden Verteilungsfunktion $F_a(\cdot)$. Zusätzlich wird angenommen, daß das Ergebnis mit zunehmendem Anstrengungsniveau a steigt, was zu[6]

$$F_a(x, a) \leq 0, \quad \forall a \in A, x \in X$$

[5]Zunächst erhält man eine parametrisierte Verteilungsfunktion

$$F(\bar{x}, a) = P\Big(x(a, \omega) \leq \bar{x}\Big) = \int f(\omega) d\omega,$$

wobei sich die Integration über alle $\omega \in \Omega$ mit $x(a, \omega) \leq \bar{x}$ erstreckt. Eine Dichte $f(\bar{x}, a)$ ergibt sich durch Differentation nach dem Ergebnis (falls möglich).

[6]Ist $a_1 < a_2$ gegeben, dann gilt wegen der Monotonie von x in a

$$x(a_1, \omega) \leq x(a_2, \omega) \qquad \forall \omega \in \Omega.$$

Betrachtet man ein beliebig, aber fest gewähltes Ergebnis $\bar{x} \in X$, so ist für jeden Zustand $\omega \in \Omega$ mit $x(a_2, \omega) \leq \bar{x}$ auch $x(a_1, \omega) \leq \bar{x}$ und somit gilt

$$F(\bar{x}, a_2) = P\Big(x(a_2, \omega) \leq \bar{x}\Big) \leq P\Big(x(a_1, \omega) \leq \bar{x}\Big) = F(\bar{x}, a_1).$$

führt,[7] wobei für jede zulässige Aktion mindestens ein Ergebnis x existieren soll, so daß die obige Ungleichung mit echt kleiner Null erfüllt ist.[8]

Die Risikonutzenfunktionen beider Parteien sind auf ihrer jeweiligen Definitionsmenge beschränkt und zweimal stetig differenzierbar. Weiter gilt für die Risikonutzenfunktion des Prinzipals

$$G'\big(x - s(x)\big) > 0, \qquad G''\big(x - s(x)\big) \leq 0,$$

was besagt, daß der Prinzipal unersättlich und nicht risikofreudig ist.

Es wird davon ausgegangen, daß die Nutzenfunktion des Agenten separabel in Einkommen $s(\cdot)$ und Aktion a ist[9]

$$H\big(s(x), a\big) = U\big(s(x)\big) - V(a).$$

Dabei bezeichnet $U(\cdot)$ den monetären Nutzen, für den ebenfalls $U'(\cdot) > 0$ und $U''(\cdot) \leq 0$ gilt. $V(\cdot)$ ist der Nutzenverlust, der dem Agenten durch die Anstrengung entsteht. Es gilt $V'(\cdot) > 0$ und $V''(\cdot) > 0$, d. h. der Nutzenverlust steigt mit zunehmender Anstrengung.

Die Separabilitätsannahme ermöglicht eine einfachere Darstellung der Anreizbedingung

$$\max_{a \in A} \left[\int_{x_0}^{x_1} U\big(s(x)\big) f(x, a) dx - V(a) \right].$$

Durch Differentation nach a erhält man folgende erste notwendige Bedingung

$$\int_{x_0}^{x_1} U\big(s(x)\big) f_a(x, a) dx - V'(a) = 0,$$

Unter Voraussetzung der Differenzierbarkeit der parametrisierten Verteilungsfunktion nach a folgt die Behauptung (vgl. *Kiener* [1990, S. 46]).

[7] Die Bedingung ist äquivalent zur stochastischen Dominanz erster Ordnung (vgl. *Dinkelbach* [1982, S. 144, Satz 6.2.4]).

[8] Andernfalls wäre

$$F(x, a) = Konst. \qquad \forall a \in A,$$

was bedeutet, daß der Agent die Wahrscheinlichkeit, ein Ergebnis von höchstens x zu erhalten, nicht beeinflussen kann (vgl. *Kiener* [1990, S. 45]).

[9] Vgl. zur Separabilitätsaussagen von Risikonutzenfunktionen *Fishburn* [1965, 1974] und *La Valle* [1978, S. 216 f.].

die in das Prinzipalproblem integriert wird.[10] Insbesondere wird hier nicht mehr im Gegensatz zum Umweltzustandsmodell die Existenz einer Ableitung des Zahlungsschemas benötigt.

Das Zahlungsschema wird aus der Menge $\mathcal{S}$ aller absolut beschränkten (beispielsweise auf $[c, d + x]$), stückweise stetig differenzierbaren Funktionen auf der Ergebnismenge X gewählt. Die untere Grenze kann beispielsweise der Wert Null oder das (bisherige) Vermögen des Agenten sein, da der Agent, egal wie groß der Verlust ausfällt, für nicht mehr haften kann. Die obere Grenze kann etwa das gesamte Ergebnis sowie das gesamte bisherige Vermögen des Prinzipals sein.[11] Im folgenden wird weiter davon ausgegangen, daß die Gestalt der Nutzenfunktion zu einer „echten" Ergebnisaufteilung führt. Damit werden Randlösungen ausgeschlossen. Dies erlaubt eine Charakterisierung der Lösungen in den (Referenz-)Situationen - Risikoallokations-, First-best- und Second-best-Situation - für alle $x \in X$ mit Hilfe der Variationsrechnung, die im folgenden dargestellt werden.[12]

---

[10] Allerdings ist dieses Vorgehen mathematisch unbefriedigend, da es zu lokalen anstelle globalen Maxima führen kann (vgl. *Grossman/Hart* [1983, S. 8], *Rogerson* [1985, S. 1357 f.]). Zur Umgehung dieser Problematik stellte *Mirrlees* [1979] Bedingungen an die Dichtefamilie $\big(f(x,a)\big)_a$, unter denen der First-Order-Ansatz zulässig ist. Allerdings enthält sein Beweis einige Ungenauigkeiten, die von *Rogerson* [1985] behoben werden konnten. Bei dieser Vorgehensweise konnten allerdings bisher nur hinreichende, aber keine notwendigen Bedingungen an die Dichtefamilie gefunden werden.

[11] Ein Beispiel von *Mirrlees* [1974] zeigt, daß für unbeschränkte Belohnungsfunktionen keine optimale Lösung existieren muß. Daher muß das Belohnungsschema für jedes Ergebnis auf ein endliches Intervall eingeschränkt werden.

[12] Vgl. etwa *Rees* [1985a, S. 7].

4.3 Informationssymmetrie, -asymmetrie und Agency-Kosten

4.3.1 Informationssymmetrie: Risikoallokationssituation

Das Risikoallokationsproblem untersucht die Vertragsgestaltung bei Aufteilung eines risikobehafteten Ergebnisses zwischen Prinzipal und Agent (vgl. Abschnitt 4.2). Dabei wird zunächst von der Anreizbedingung abstrahiert. In diesem Abschnitt wird zunächst die Risikoallokationssituation für den MH-Ansatz formuliert, was eine Charakterisierung optimaler Belohnungsfunktionen ermöglicht. Abschließend wird der oftmals verwendete Fall des risikoneutralen Prinzipals untersucht.

Das in Abschnitt 4.2 motivierte und dargestellte Risikoallokationsproblem lautet in der MH-Schreibweise folgendermaßen

$$\int_{x_0}^{x_1} G\big(x - s(x)\big) f(x, \bar{a}) dx \rightarrow \max_{s(x) \in S}$$

Unter der Nebenbedingung

$$\int_{x_0}^{x_1} U\big(s(x)\big) f(x, \bar{a}) dx - V(a) \geq \bar{U}.$$

Das Risikoallokationsproblem stellt ein isoperimetrisches Problem dar, das mit der Variationsrechnung gelöst werden kann. Sei λ der zur Marktbedingung gehörende Lagrangemultiplikator, so gilt für die optimale Entlohnungsregel $\bar{s}(x)$ die notwendige Bedingung (vgl. etwa *Rees* [1985a, S. 7])[13]

$$-G'\big(x - \bar{s}(x)\big) + \lambda U'\big(\bar{s}(x)\big) = 0 \qquad \forall x \in X.$$

Diese kann folgendermaßen interpretiert werden: Die marginale Substitutionsrate zwischen dem Nutzen des Prinzipals und dem Nutzen des Agenten ist

[13] In der Risikoallokationssituation sind das Umweltzustands- und das Ergebnisverteilungsmodell identisch. Daher gelten die Ergebnisse des Umweltzustandsmodells analog beim Ergebnisverteilungsmodell.

in der Risikoallokationssituation bei optimaler Entlohnungsfunktion konstant (gleich dem Wert λ) für alle Ergebnisse $x \in X$.

Die notwendige Bedingung kann wie folgt dargestellt werden

$$\frac{G'(x - \bar{s}(x))}{U'(\bar{s}(x))} = \lambda \qquad \forall x \in X.$$

Aus der Unersättlichkeit von Prinzipal und Agent - $(G'(\cdot), U'(\cdot) > 0)$ - folgt mit der notwendigen Bedingung $\lambda > 0$. Die Marktbedingung ist daher in der Risikoallokationssituation bindend, so daß der Agent nur seinen Reservationsnutzen in Höhe von $\bar{U}$ erhält (Vgl. etwa *Rees* [1985a, S. 7]).[14]

Oftmals wird der Prinzipal risikoneutral, der Agent risikoavers modelliert.[15] Diese Voraussetzung an die Risikoneigung des Prinzipals wird plausibel unter der Annahme, daß der Prinzipal Diversifikationsmöglichkeiten besitzt, die dem Agenten fehlen (vgl. *Elschen* [1991, S. 1007]). Ist der Prinzipal risikoneutral, was durch eine lineare Risikonutzenfunktion

$$G\big(x - s(x)\big) = x - s(x)$$

beschrieben wird, so übernimmt bei optimaler Risikoallokation der risikoneutrale Prinzipal das gesamte mit dem Ergebnis verbundene Risiko für den risikoaversen Agenten, indem er dem Agenten eine konstante und damit risikofreie Zahlung zugesteht. Dies stellt eine vernünftige Risikoallokation in dem Sinne dar, daß derjenige mit der geringeren Risikoaversion einen größeren Teil des Risikos trägt. Folgendes Theorem in Anlehnung an *Harris/Raviv* [1979, S. 244, Cor. 1] präzisiert diese Überlegung

Satz 4.3.1 *Ist der Prinzipal risikoneutral, so gilt für das Risikoallokationsproblem*

$$\bar{s}'(x) = 0, \quad \forall x \in X.$$

[14] *Borch* [1962, S. 426 f.] zeigte in seiner Arbeit "Equilibrium in a Reinsurance Market", daß die Bedingung notwendig und hinreichend für die Existenz einer pareto-effizienten Aufteilung ist. *Wilson* [1968, S. 123 f., Theo. 1] zeigte ein analoges Ergebnis für die Syndicate-Theorie. Damit ist die durch die Entlohnungsfunktion festgelegte Aufteilung pareto-effizient.

[15] Vgl. etwa *Rees* [1985a, 1985b], *Spremann* [1987], *Elschen* [1991] etc.

4.3.2 Informationssymmetrie: First-best-Situation

Aufbauend auf das Risikoallokationsproblem kann im folgenden die First-best-Situation untersucht werden, bei der die Vertragsgestaltung zwischen Prinzipal und Agent bei Informationssymmetrie erfolgt. Dazu wird zunächst das First-best-Problem in der MH-Schreibweise formuliert. Darauf aufbauend werden Charakterisierungen von Belohnungsfunktionen vorgenommen. Abschließend wird wiederum der Fall des risikoneutralen Prinzipals dargestellt.

Die in Abschnitt 4.2 motivierte und dargestellte First-best-Situation lautet in der MH-Schreibweise

$$\int_{x_0}^{x_1} G\Big(x - s(x)\Big) f(x,a)dx \rightarrow \max_{a \in A, s(x) \in \mathcal{S}}$$

Unter der Nebenbedingung

$$\int_{x_0}^{x_1} U\Big(s(x)\Big) f(x,a)dx - V(a) \geq \bar{U}.$$

Im Vergleich zur Risikoallokationsproblematik kommt die Wahl einer Aktion a durch den Agenten hinzu. Aufgrund der Beobachtbarkeit der Aktion a kann der Prinzipal die Aktionenwahl indirekt durch Sanktionen innerhalb des Vertrages in seinem Sinne steuern.

Das First-best-Problem stellt ein durch die Methoden der Variationsrechnung zu lösendes isoperimetrisches Problem dar. Dadurch ergeben sich mit dem zur Ungleichung gehörenden Lagrangemultiplikator λ folgende notwendige Bedingungen in Anlehnung an *Rees* [1985a, S. 11][16]

$$\frac{G'\Big(x - \bar{s}(x)\Big)}{U'\Big(\bar{s}(x)\Big)} = \lambda \quad \forall x \in X$$

$$\int_{x_0}^{x_1} G\Big(x - \bar{s}(x)\Big) f_a(x,\bar{a})dx + \lambda \left[\int_{x_0}^{x_1} U\Big(\bar{s}(x)\Big) f_a(x,\bar{a})dx - V'(\bar{a})\right] = 0.$$

Die erste der beiden notwendigen Bedingungen ist mit der notwendigen Bedingung des Risikoallokationsproblems identisch. Damit können analog zum

[16]Die Darstellung von *Rees* [1985a, S. 11] erfolgt in der Form des Umweltzustandsmodells, das in der First-best-Situation identisch zu dem Ergebnisverteilungsmodell ist.

Risikoallokationsproblem optimale Belohnungsfunktionen charakterisiert bzw. Aussagen darüber getroffen werden. Daher liegt eine optimale Risikoteilung durch die Vertragsgestaltung der First-best-Situation vor. Demgegenüber stellt die zweite notwendige Bedingung eine Bedingung für die Wahl der optimalen Aktion $\bar{a}$ dar.

Wird die erste der beiden notwendigen Bedingungen analog zu 4.3.1 umgeformt, so folgt aus der Unersättlichkeit des Prinzipals und des Agenten, daß $\lambda > 0$ und damit die Marktbedingung bindend ist. Der Agent erhält also auch in der First-best-Situation nur seinen Reservationsnutzen in Höhe von $\bar{U}$ (vgl. etwa *Rees* [1985a, S. 11]).

Folgende Argumentation soll den Sachverhalt nochmals reflektieren: Angenommen der Prinzipal möchte, daß die Aktion $\bar{a}$ gewählt wird, dann kann er dies durch folgende Vertragsgestaltung erzwingen: Der Agent erhält den Betrag $\bar{s}(x)$, falls er die vom Prinzipal beobachtbare und gewünschte Aktion $\bar{a}$ wählt. Andernfalls erhält er einen Betrag in Höhe von Null. Dabei ist $\bar{s}(x)$ die Belohnungsfunktion, die der Agent in der Risikoallokationssituation bei Vorgabe der Aktion $\bar{a}$ erhalten würde. Der Betrag ist gerade so gewählt, daß der Agent nur bei Wahl von $\bar{a}$ maximal seinen Mindestreservationsnutzen erhält. Bei jeder anderen Aktionenwahl ist sein erwarteter Nutzen echt kleiner als sein Reservationsnutzen (vgl. zum Risikoallokationsproblem 4.3.1). Folgender Satz in Anlehnung an *Harris/Raviv* [1979, S. 246, Prop. 5] verdeutlicht dies

Satz 4.3.2 *Ist $\bar{a}$ eine Lösung des First-best-Problems und $\tilde{s}(x)$ ($x \in X$) eine Lösung des Risikoallokationsproblems bei Vorgabe von $\bar{a}$, dann ist der Vertrag*

$$\bar{s}(x) = \begin{cases} \tilde{s}(x), & a = \bar{a} \\ 0, & a \neq \bar{a} \end{cases}$$

optimal für das First-best-Problem.

Beweis Vgl. *Harris/Raviv* [1979, S. 246]. □

Eine derartige Entlohnungsregel wird als *forcing contract* bezeichnet,[17] da seine Struktur den Agenten zur Wahl von $\bar{a}$ zwingt.

Handelt der Prinzipal risikoneutral, so kann aufgrund der Identität der ersten notwendigen Bedingung der First-best-Problematik mit der notwendigen Bedingung des Risikoallokationsproblems das Ergebnis von Satz 4.3.3 unmittelbar übertragen werden (vgl. *Harris/Raviv* [1979, S. 244, Cor. 1]).

Satz 4.3.3 *Ist der Prinzipal risikoneutral, so gilt für die First-best-Situation*

$$\bar{s}'(x) = 0, \quad \forall x \in X.$$

Der risikoneutrale Prinzipal übernimmt das gesamte Risiko für den risikoaversen Agenten, indem er ihm eine konstante und damit risikofreie Zahlung zugesteht.

4.3.3 Informationsasymmetrie: Second-best-Situation

Gegenstand der Second-best-Situation ist die vertragliche Gestaltung bei asymmetrischer Information. Zusätzlich zur Risikoallokation kommt in dieser Situation der Anreizeffekt hinzu. Dieser wird durch die Anreizbedingung berücksichtigt. Nach Formulierung der Second-best-Situation mit Hilfe der MH-Schreibweise, die eine Charakterisierung optimaler Belohnungsfunktionen ermöglicht, wird speziell die Frage untersucht, wie sich die Anreizbedingung auswirkt. Wiederum wird der Fall eines risikoneutralen Prinzipals mituntersucht.

Die in Abschnitt 4.2 formulierte Second-best-Situation lautet in der MH-

[17] Die Menge S der zulässigen Belohnungsfunktionen schließt solch einen forcing contract aus. Allerdings wurde aus Interpretationsgründen dieses Ergebnis von *Harris/Raviv* [1979] dargestellt.

Schreibweise folgendermaßen

$$\int_{x_0}^{x_1} G\big(x - s(x)\big) f(x,a)dx \to \max_{a\in A, s(x)\in S}$$

Unter den Nebenbedingungen

$$\int_{x_0}^{x_1} U\big(s(x)\big) f(x,a)dx - V(a) \geq \bar{U}$$

$$\int_{x_0}^{x_1} U\big(s(x)\big) f_a(x,a)dx - V'(a) = 0.$$

Durch die Methoden der Variationsrechnung ergeben sich folgende notwendige Bedingungen. Dabei ist λ der zur Ungleichung und μ der zur Gleichung gehörende Lagrangemultiplikator (vgl. etwa *Holmström* [1979, S. 77 f]).

$$\frac{G'\big(x - \bar{s}(x)\big)}{U'\big(\bar{s}(x)\big)} = \lambda + \mu \frac{f_a(x,\bar{a})}{f(x,\bar{a})} \qquad \forall x \in X$$

$$\int_{x_0}^{x_1} G\big(x - \bar{s}(x)\big) f_a(x,\bar{a})dx + \mu \left[\int_{x_0}^{x_1} u\big(\bar{s}(x)\big) f_{aa}(x,\bar{a})dx - V''(\bar{a}) \right] = 0.$$

Unter der Voraussetzung, daß die Nutzenfunktion additiv oder multiplikativ separabel in Einkommen und Belohnung sind - was gerade im MH-Ansatz angenommen wird - konnten *Grossman/Hart* [1983, S. 16, Cor. 2] zeigen, daß der Agent nur seinen Mindestnutzen $\bar{U}$ erhält. Also ist die Marktbedingung bindend und es gilt $\lambda > 0$.

Neu hinzugekommen zu der First-best-Situation ist die Anreizbedingung. Die Frage, unter welchen Bedingungen die Anreizbedingung aktiv ist, beantwortet der folgende Satz (vgl. *Holmström* [1979, S. 78, Prop. 1])

Satz 4.3.4 *Ist $V'(a) > 0$ und $F_a(x,a) \leq 0$ $\forall a \in A$, $x \in X$, wobei für jedes $x \in X$ mindestens ein $a \in A$ existiert, so daß $F_a(x,a) < 0$ gilt,*[18] *dann ist die Anreizbedingung aktiv, d. h.*

$$\mu > 0.$$

[18]Dies entspricht der stochastischen Dominanz erster Ordnung.

Beweis Vgl. *Holmström* (1979, S. 90). □

Sind Lösungen der Second-best-Situation optimal bezüglich ihrer Risikoallokation? Diese Frage kann nach *Holmström* [1979, S 78] wie folgt beantwortet werden: Notwendig für eine optimale Risikoallokation ist die Bedingung (vgl. Abschnitt 4.3.1)

$$\frac{G'\big(x - s(x)\big)}{U'\big(s(x)\big)} = \lambda \quad \forall x \in X.$$

Diese kann in der Second-best-Situation unter den Voraussetzungen des vorangegangenen Satzes 4.3.4 nur für den Fall

$$\frac{f_a(x,a)}{f(x,a)} = 0$$

erfüllt sein. Dies impliziert $f_a(x,a) = 0 \ \forall a \in A$ und damit $F_a(\cdot) = 0$, was der Voraussetzung der stochastischen Dominanz widerspricht. Damit liegt unter den Voraussetzungen von Satz 4.3.4 keine optimale Risikoaufteilung vor.[19] Dies bedeutet allerdings nicht, daß eine Second-best-Entlohnungsregel nicht optimal für das betrachtete Second-best-Problem wäre. Die Second-best-Entlohnungsfunktion bewirkt vielmehr einen für die Problemstellung optimalen Ausgleich zwischen Risikoallokation und Anreizproblematik. Allerdings erfordert eine Berücksichtigung des Anreizeffektes ein Abweichen von einer optimalen Risikoteilung.

In welcher Beziehung der optimale Second-best- und der optimale First-best-Vertrag stehen, wird von *Holmström* [1979, S. 78 f., S. 90] beantwortet: Wird die optimale Belohnungsfunktion der First-best-Situation mit $\bar{s}_{fb}(x)$ und die der Second-best-Situation mit $\bar{s}_{sb}(x)$ bezeichnet, so gilt aufgrund der notwendigen Bedingungen

$$\frac{G'\big(x - \bar{s}_{fb}(x)\big)}{U'\big(\bar{s}_{fb}(x)\big)} = \lambda \quad \forall x \in X$$

[19]Die Bedingung $G'(x - s(x))/U'(s(x)) = \lambda \ \forall x \in X$ ist nach *Borch* [1962, S. 426 f.] bzw. *Wilson* [1968, S. 123 f., Theo. 1] notwendig und hinreichend für eine pareto-effiziente Aufteilung. Unter Voraussetzung von Satz 4.3.4 impliziert die Aufteilungsfunktion $\bar{s}(x)$ also keine pareto-effiziente Aufteilung.

sowie

$$\frac{G'\big(x - \bar{s}_{sb}(x)\big)}{U'\big(\bar{s}_{sb}(x)\big)} = \lambda + \mu \frac{f_a(x,a)}{f(x,a)} \quad \forall x \in X.$$

Unter den Voraussetzungen von Satz 4.3.4 steigt für beliebiges, aber festes λ der Term $G'(\cdot)/U'(\cdot)$, falls $f_a(\cdot) > 0$ gilt. Für den Fall, daß $f_a(\cdot) < 0$ gilt, fällt er. Aufgrund der Konkavität beider Nutzenfunktionen ist der Term $G'(x - s(x))/U'(s(x))$ bei festem $x \in X$ monoton steigend in s. Dies ergibt folgenden Satz nach *Holmström* [1979, S. 78, Cor. 1]

Satz 4.3.5 *Gelten die Voraussetzungen von Satz* 4.3.4 *und wird mit* $\bar{s}_{sb}(x)$ *eine Lösung des Second-best-Problems und mit* $\bar{s}_{fb}(x)$ *eine Lösung des First-best-Problems bezeichnet, so gilt*

$$\begin{aligned} \bar{s}_{sb}(x) &\geq \bar{s}_{fb}(x), \qquad x \in X^+ := \big\{x \mid f_a(x, a_{sb}) \geq 0\big\} \\ \bar{s}_{sb}(x) &< \bar{s}_{fb}(x), \qquad x \in X^- := \big\{x \mid f_a(x, a_{sb}) < 0\big\}. \end{aligned}$$

Beweis Vgl. *Holmström* [1979, S. 90]. □

Der Second-best-Vertrag muß also bei Ergebnissen $x \in X$, deren Wahrscheinlichkeit mit wachsendem a zunimmt, eine höhere Belohnung als der First-best-Vertrag gewähren. Dabei implizierte, wie die Abschnitte 4.3.1 und 4.3.2 zeigten, der First-best-Vertrag eine optimale Risikoaufteilung. Umgekehrt verringert sich die Belohnung bei Ergebnissen $x \in X$, die für ein höheres Anstrengungsniveau weniger wahrscheinlich werden.

Insbesondere folgt im Falle eines risikoneutralen Prinzipals daraus, daß die Vertragsgestaltung im Gegensatz zur First-best-Situation keine fest vorgegebene Prämie (siehe Satz 4.3.3 bzw. 4.3.6) vorsieht, da hier ein Konflikt zwischen Risikoallokation und Anreizproblematik besteht. Einerseits sollte aus Gründen optimaler Risikoaufteilung der risikoneutrale Prinzipal das gesamte Risiko tragen. Demgegenüber steht aber der Sachverhalt, daß der Agent (nur) über eine Ergebnisbeteiligung zu einem höheren Anstrengungsniveau motiviert werden kann. Es gilt folgendes Korollar in Anlehnung an *Rees* [1985a, S. 22]

Korollar 4.3.6 *Ist der Prinzipal risikoneutral, so gilt unter den Voraussetzungen von Satz* 4.3.4 *für eine Lösung* $\bar{s}(x)$ *des Second-best-Problems*

$$\bar{s}(x) \not\equiv Konst.$$

Da der zulässige Bereich des Second-best-Problems eine Teilmenge des zulässigen Bereichs des First-best-Problems ist, kann der maximale Erwartungsnutzen des Prinzipals in der Second-best-Situation nicht größer als in der First-best-Situation sein. Falls die Voraussetzungen von Satz 4.3.4 ($\mu > 0$) gelten und $f_a(\cdot)/f(\cdot)$ nicht konstant ist, so differieren die Lösungen $\bar{s}_{fb}(\cdot)$ und $\bar{s}_{sb}(\cdot)$ auf einer Menge, die keine Nullmenge ist. Damit ist der erwartete Nutzen des Prinzipals in der Second-best-Situation echt kleiner als in der First-best-Situation (vgl. *Holmström* [1979, S. 78, Cor. 2, S. 90]).

Satz 4.3.7 *Ist der Agent risikoavers, so erhält der Prinzipal unter den Voraussetzungen von Satz* 4.3.4 *einen geringeren maximalen Erwartungsnutzen in der Second-best-Situation als in der First-best-Situation.*

Fall der Agent risikoneutral handelt, so übernimmt er in der First-best-Situation das gesamte Risiko, indem er dem risikoaversen Prinzipal einen festen Betrag unabhängig vom realisierten Ergebnis bezahlt. Im Fall eines risikoneutralen Prinzipals ist dies ebenfalls eine Möglichkeit einer optimalen Ergebnisaufteilung (vgl. etwa *Rees* [1985a, S. 14 f.]). Dieses Bezahlungsschema stellt daher für den Prinzipal ein optimales Anreizschema dar. Es wirkt somit plausibel, dieses Belohnungsschema auch für die Second-best-Situation zu verwenden. Folgender Satz besagt, daß der Prinzipal in der Second-best-Situation einen gleich hohen maximal zu erwartenden Nutzen erhält wie in der First-best-Situation (vgl. *Shavell* [1979, S. 64, Prop. 4]).

Satz 4.3.8 *Ist der Agent risikoneutral, und ist* $(s_{fb}(x), a_{fb})$ *eine Lösung des First-best- und* $(s_{sb}(x), a_{sb})$ *eine Lösung des Second-best-Problems, so gilt*

$$\begin{aligned}&\int_{x_0}^{x_1} G\Big(x(a_{sb},\omega) - s_{sb}\big(x(a_{sb},\omega)\big)\Big) f(x_{sb}, a_{sb})dx \\ = &\int_{x_0}^{x_1} G\Big(x(a_{fb},\omega) - s_{fb}\big(x(a_{fb},\omega)\big)\Big) f(x_{fb}, a_{fb})dx.\end{aligned}$$

4.3.4 Agency-Kosten

Vergleicht man die First-best- und Second-best-Situation und damit Informationssymmetrie und Informationsasymmetrie,[20] so fällt folgendes auf: Der Prinzipal erhält unter der Voraussetzung von Satz 4.3.4 einen echt geringeren Erwartungsnutzen in der Second-best- als in der First-best-Situation, während der Agent in beiden Situationen jeweils nur seinen Reservationsnutzen in Höhe von $\bar{U}$ erhält (vgl. Seite 102, 104). Durch die Informationsasymmetrie entsteht gegenüber der Situation der Informationssymmetrie ein Verlust bei der Ergebnisaufteilung.[21]

Dies führt auf den Begriff der Agency-Kosten, der als der Geldbetrag definiert wird, den der Prinzipal bereit zu zahlen wäre, wenn er das Verhalten des Agenten beobachten könnte. Formal werden die Agency-Kosten ($AC \geq 0$) nach *Spremann* [1988, S. 53] als maximaler Betrag definiert, so gilt

$$\max_{s(x),a} \Big\{ E\big[G\big(x - s(x) - AC\big)\big] \mid E\big[H\big(s(x), a\big)\big] \geq \bar{U} \Big\} \geq$$
$$\max_{s(x),a} \Big\{ E\big[G\big(x - s(x)\big)\big] \mid E\big[H\big(s(x), a\big)\big] \geq \bar{U},\ a \in arg \max_{a \in A} E\big[H\big(s(x), a\big)\big] \Big\}.$$

Im Falle eines risikoneutralen Prinzipals können aufgrund der Additivitätseigenschaft von Erwartungswerten und der Tatsache, daß Konstanten für die Maximierung unerheblich sind, die Agency-Kosten wie folgt nach *Spremann* [1988, S. 54] bestimmt werden.

$$AC = E\big[x_{fb} - s_{fb}(x_{fb})\big] - E\big[x_{sb} - s_{sb}(x_{sb})\big],$$

wobei $(s_{fb}(x), a_{fb})$ eine Lösung des First-best- und $(s_{sb}(x), a_{sb})$ eine Lösung des Second-best-Problems ist und $x_{fb} := x(a_{fb}, \omega)$ bzw. $x_{sb} := x(a_{sb}, \omega)$ gilt.

Die Agency-Kosten sind allein auf den Prinzipal bezogen und geben den Wert an, den er verliert, da er bezüglich der Aktivität des Agenten keine

[20] Dabei spielt die First-best-Situation die Rolle eines Referenzmodells für die Second-best-Situation, was dazu führt, daß in beiden Situationen die Höhe des Reservationsnutzens $\bar{U}$, die Verteilungsfunktionen $F(\cdot)$, die Nutzenfunktionen $G(\cdot)$ und $H(\cdot)$ gleich bleiben sollen.

[21] Dies äußert sich dahingehend, daß unter den Voraussetzungen von Satz 4.3.4 die Ergebnisaufteilung nicht pareto-effizient ist (vgl. Fußnote 19).

vollständige Information besitzt. Die Agency-Kosten können (in der normativen Agency-Theorie) als Maß dafür angesehen werden, wie negativ sich die Nichtbeobachtbarkeit des Verhaltens des Agenten auf die erreichbare Wohlfahrtsposition und damit auf die Möglichkeit auswirkt, Wohlfahrtsgewinne durch Kooperation zu erzielen (vgl. *Blickle-Liebersbach* [1989, S. 57]).

4.4 Ein spezielles Prinzipal-Agenten-Modell: Das LEN-Modell

Ein oftmals verwendetes spezielles Prinzipal-Agenten-Modell stellt das LEN-Modell von *Spremann* [1987, 1988] dar.[22] In diesem Modell werden zusätzliche Annahmen über die im Standardmodell der Prinzipal-Agenten-Theorie vorkommenden Größen gemacht, so daß explizite Lösungen angegeben werden können.[23]

[22]Darstellungen bzw. Anwendungen des häufig verwendeten LEN-Modells finden sich beispielsweise in *Spremann* [1987, 1988], *Blickle-Liebersbach* [1989], *Hartmann-Wendels* [1989, 1991], *Neuss* [1989], *Wagenhofer/Ewert* [1993a, 1993b] etc.

[23]*Spremann* [1988] setzt eine in $s(x)$ und $v(a)$ multiplikative exponentielle Risikonutzenfunktion voraus. Aufgrund der vorherrschenden Annahmen (Linearität, Normalverteilung, exponentielle Nutzenfunktionen) sind allerdings beide Annahmen äquivalent. Aus Konsistenzgründen zum MH-Ansatz wurde die hier beschriebene Annahme verwendet.

(L) Das Ergebnis x ist eine lineare Funktion (mit p Grenzproduktivität der Aktion des Agenten). Weiter ist die Belohnungsfunktion linear im Ergebnis x

$$x(a,\omega) := pa + \omega$$
$$s(x) := r + sx.$$

(E) Der Prinzipal ist risikoneutral (*Spremann* [1987]). Die Präferenzen des Agenten werden durch eine exponentielle Risikonutzenfunktion beschrieben (mit α Risikoaversion und c Anstrengungsparameter)

$$G\big(x - s(x)\big) := x - s(x)$$
$$H\big(s(x), a\big) := \begin{cases} -exp\big(-\alpha s(x)\big) - ca^2, & \alpha > 0 \\ s(x) - ca^2, & \alpha = 0. \end{cases}$$

(N) Der Zufallseinfluß ist normalverteilt

$$\omega \sim N(0, \sigma^2).$$

Abb. 9: Komponenten des LEN-Modells in Anlehnung an *Spremann* [1988, S. 49] und *Blicke-Liebersbach* [1989, S. 24 f.]

Im folgenden werden die Ergebnisse des LEN-Modells für die (Referenz-) Situationen Risikoallokations-, First-best- sowie Second-best-Situation kurz skizziert.

Informationssymmetrie: Risikoallokations- und First-best-Situation

Die Voraussetzungen des MH-Ansatzes werden vom LEN-Modell erfüllt. Der Träger des Ergebnisses x ist unabhängig von der gewählten Aktion die ganze reelle Achse. Die Verteilung des Ergebnisses ist aufgrund der Linearität ebenfalls normalverteilt. Eine Erhöhung von a führt daher zu einer Erhöhung des Erwartungswertes des normalverteilten Ergebnisses und damit zu einer Rechtsverschiebung der Verteilungsfunktion. Dies entspricht gerade der geforderten stochastischen Dominanz erster Ordnung. Die Dichte des Ergebnisses ist partiell differenzierbar nach a. Ebenfalls gelten für die Risikonutzenfunktionen des Prinzipals bzw. Agenten die Annahmen (Separabilität, Unersättlichkeit und nicht Risikofreudigkeit) des MH-Ansatzes.

Allerdings schränkt das LEN-Modell im Gegensatz zum MH-Ansatz die Menge der zulässigen Belohnungsfunktionen $\mathcal{S}$ auf die Klasse linearer Funktionen ein. In der Risikoallokations- und First-best-Situation stellt dies keine Einschränkung dar, da mit Hilfe der entsprechenden notwendigen Bedingung, unter der Voraussetzung eines konstanten Arrow-Pratt-Maßes der absoluten Risikoaversion[24] gezeigt werden kann, daß für eine optimale Bezahlungsfunktion

$$\bar{s}(x) = ax + b$$

Linearität gilt (vgl. etwa *Rees* [1985, S. 9]).

In der Risikoallokations- bzw. First-best-Situation können daher die Ergebnisse des MH-Ansatzes problemlos auf das LEN-Modell übertragen werden; d. h. in der First-best-Situation liegt eine optimale Risikoallokation vor. Der risikoneutrale Prinzipal übernimmt bei beiden Situationen - wie im Standardmodell - das gesamte Risiko, indem er dem Agenten eine feste und damit risikofreie Bezahlung zugesteht. Für die explizit berechenbaren Lösungen gilt (vgl. etwa *Blickle-Liebersbach* [1989, S. 43 f.])

$$\begin{aligned} \bar{s}(x) &= \bar{r} + \bar{s}x \\ \text{mit} & \\ \bar{r} &:= \bar{U} + \frac{p^2}{4c} \\ \bar{s} &:= 0. \end{aligned}$$

Weiter kommt bei der First-best-Situation die Wahl einer Aktion in Höhe von (vgl. etwa *Blickle-Liebersbach* [1989, S. 43 f.])

$$\bar{a} = p/2c$$

hinzu. Das Anstrengungsniveau „hängt daher nur von der Grenzproduktivität p und dem Anstrengungsparameter c ab und ist um so höher, je produktiver und weniger beschwerlich der Arbeitseinsatz des Agenten ist“ (*Blickle-Liebersbach* [1989, S. 44, Erg. 3.1.a]).

[24]Nach *Mossin* [1968, S. 224] ist das Arrow-Pratt-Maß der absoluten Risikoaversion bei exponentiellen Risikonutzenfunktionen konstant.

Der Prinzipal erhält in der First-best-Situation einen erwarteten Nutzen nach *Blickle/Liebersbach* [1989, S. 43 f.] in Höhe von

$$E\Big[G\big(\bar{x} - \bar{s}(x)\big)\Big] = p^2/4c - \bar{U}$$

und der Agent seinen Mindestreservationsnutzen in Höhe von $\bar{U}$, da die Marktbedingung bindend ist.

Informationsasymmetrie: Second-best-Situation In der Second-best-Situation können generell die Ergebnisse des MH-Ansatzes - aufgrund der Einschränkung der Belohnungsfunktionen auf die Klasse der linearen Funktionen - nicht auf das LEN-Modell übertragen werden (vgl. hierzu *Holmström/Milgrom* [1987], *Wagenhofer/Ewert* [1993a, 1993b]).

Allerdings lassen sich die dargestellten Ergebnisse des MH-Ansatzes in der Second-best-Situation (sinngemäß) auf das LEN-Modell übertragen: In der Second-best-Situation liegt keine optimale Risikoallokation vor, da ein optimales Bezahlungsschema nicht konstant ist, sondern folgende explizit berechenbare Struktur aufweist (vgl. *Blickle-Liebersbach* [1989, S. 51 f.])

$$\begin{aligned}
\bar{s}(x) &= \bar{r} + \bar{s}x \\
\text{mit} & \\
\bar{r} &:= \bar{U} + \frac{p^4}{4(p^2 + 2c\alpha\sigma^2)^2}\Big(2\alpha\sigma^2 - \frac{p^2}{c}\Big) \\
\bar{s} &:= \frac{p^2}{p^2 + 2c\alpha\sigma^2}.
\end{aligned}$$

Nach Vertragsabschluß wählt der Agent eine Aktion in Höhe von

$$\bar{a}(s) := \frac{p}{2c}s.$$

Dabei haben weder die feste Prämie r noch der Reservationsnutzen $\bar{U}$ einen Einfluß auf die Wahl der Aktion a des Agenten. Eine Festbezahlung $s = 0$ führt dazu, daß der Agent die geringste Anstrengung ($\bar{a} = 0$) wählt, unabhängig von der Höhe des Festbetrages (vgl. *Spremann* [1987, S. 19, Theo. 1]).

Insgesamt ergibt sich damit für den Prinzipal ein maximal zu erwartender Nutzen (vgl. *Blickle-Liebersbach* [1989, S. 52])

$$E\Big[G\big(\bar{x} - \bar{s}(\bar{x})\big)\Big] = \frac{p^4}{4c\big(p + 2\alpha c\sigma^2\big)} - \bar{U}.$$

Dieser ist reziprok zur Risikoaversion des Agenten α, was zu folgender Aussage nach *Spremann* [1987, S. 21, Theo. 3] führt: Kann der Prinzipal zwischen zwei Agenten wählen, die sich c. p. nur durch ihre Risikoaversion unterscheiden, so wählt er den mit der geringeren Risikoaversion aus. Weiter erhält der Agent auch in der Second-best-Situation nur seinen Mindestnutzen in Höhe von $\bar{U}$.

Agency-Kosten Betrachtet man die durch die Informationsasymmetrie auftretenden Agency-Kosten, so ergeben sich diese als Differenz des für den Prinzipal maximal zu erwartenden Nutzens in der First-best- und Second-best-Situation nach *Blickle-Liebersbach* [1989, S. 57 f.] wie folgt

$$AC = \frac{\alpha p^2 \sigma^2}{2(p^2 + 2\alpha c\sigma^2)}\,.$$

Im Fall eines risikoneutralen Agenten ($\alpha = 0$) treten analog zum Standardmodell keine Agency-Kosten auf. Der maximale Erwartungsnutzen des Prinzipals ist in der Second-best-Situation gleich hoch wie in der First-best-Situation.

Teil II: Ein Lenkpreismodell

Aufbauend auf den Darstellungen der Prinzipal-Agenten-Theorie zur Vertragsgestaltung wird im folgenden die Einbeziehung einer asymmetrischen Informationsverteilung zwischen Unternehmens- und Stellenleitung in das Grundmodell analysiert. Hierbei kommt als neuer Aspekt die Vertragsgestaltung hinzu, die wie im Standard- bzw. LEN-Modell auf den Einfluß von Risikoallokation und Anreizproblematik hin untersucht wird.

4.5 Ausgangssituation

Für diese Untersuchungen werden in das Grundmodell von *Hellwig* [1989] Elemente des LEN-Modells von *Spremann* [1987, 1988] aus Abschnitt 4.4 integriert. Der Aspekt der asymmetrischen Information schlägt sich in den Rohstoffstückkosten nieder, die zum einen vom eingetretenen Umweltzustand und zum anderen von den Aktionen der einzelnen Beschaffungsstellen abhängen sollen.

Bezeichnet $A_i \subseteq \mathbb{R}$ die Menge der zulässigen Aktionen a_i der i-ten Beschaffungsstelle und $\Omega \subseteq \mathbb{R}$ die Menge der möglichen Umweltzustände ω, so ergeben sich die Rohstoffstückkosten k_i analog zum LEN-Modell additiv

$$k_i : A_i \times \Omega \to \mathbb{R}, \qquad k_i(a_i, \omega) = k_i(\omega) - a_i.$$

Dies bedeutet, daß die Aktion a_i und der durch den Umwelteinfluß entstehende Rohstoffstückkostenanteil $k_i(\omega)$ innerhalb gewisser Schranken vollkommen gegeneinander substituierbar ist. Die Grenzproduktivität der Aktion a_i wird aus Gründen der Vereinfachung auf den Wert Eins normiert. Die Additivität der Rohstoffstückkostenbildung ist für die weitere Analyse nicht zwingend.[25] Sie läßt sich beispielsweise auch auf multiplikative oder in a_i streng monotone Strukturen anwenden.

Die zu Ω gehörende Dichtefunktion $f : \Omega \to I\!R$ kann sowohl stetig als auch diskret sein. Allerdings wird als technische Bedingung an die Dichtefunktion quadratische Integrierbarkeit vorausgesetzt. Weiter gilt

$$E\Big[k_i(\omega)\Big] := \mu_i, \qquad Var\Big[k_i(\omega)\Big] := \sigma_i^2, \qquad Cov\Big[k_i(\omega), k_j(\omega)\Big] := 0, \quad \forall i \neq j.$$

Zwischen der Unternehmensleitung und der i-ten Beschaffungsstelle wird ein Kooperationsvertrag in Form einer - zum LEN-Modell analogen - linearen Entlohnungsfunktion $L_i(\cdot)$ geschlossen. Die Entlohnungsfunktion besteht aus einer festen risikolosen Zahlung $r_i \in R_i$ und einer vom erzielten Ergebnis - den realisierten Kosten und der realisierten Leistungsmenge - abhängigen Bezahlung

$$L_i : S_i \times R_i \times I\!R_+ \to I\!R, \qquad L_i(s_i, r_i, x_i) := s_i\Big(K_i - k_i(a_i, \omega)\Big)x_i + r_i,$$

wobei $s_i \in S_i$ ein vom Ergebnis abhängiger Anteil und K_i eine von der Unternehmensleitung fest vorgegebene Vergleichsgröße ist.

Die Unternehmensleitung ist risikoneutral. Sie maximiert den erwarteten Unternehmenserfolg $E[G(\cdot)]$, der sich aus den Erlösen $e_i(y_i)$,[26] den erwarteten Kosten $E[k_i(\cdot)x_i]$ sowie den erwarteten Kosten aus der Vertragsgestaltung $E[L_i(\cdot)]$ zusammensetzt

$$E\Big[G(a, r, s, x, y, d)\Big] = E\left[\sum_{i=m+1}^{n} e_i(y_i) - \sum_{i=1}^{m} k_i(a_i, \omega)x_i - \sum_{i=1}^{m} L_i(s_i, r_i)\right].$$

Der Agent bewertete im LEN-Modell die unsichere Entlohnung $s(\cdot)$ mit der Erwartungswert-Varianzregel. Bei Verwendung dieser Entscheidungsregel für

[25] Die Additivität wird jedoch beibehalten, um die angesprochene Analogie zu dem LEN-Modell aus Abschnitt 4.4 zu erreichen.

[26] In dieser Betrachtung sind die Erlöse $e_i(y_i)$ fest vorgegeben. Allerdings läßt sich bei einer risikoneutralen Unternehmensleitung leicht der Fall unsicherer Erlöse betrachten.

die Modellierung der Stellenpräferenzen würde bei der Verrechnungspreisbestimmung das *Dilemma der pretialen Lenkung* auftreten. Ein Weg, dieses Dilemma zu umgehen und einen „Lenkpreiszugang" zum Gleichungsverfahren zu ermöglichen, stellt eine Modellierung der Stellenpräferenzen mit der klassischen Erwartungswert-Standardabweichungsregel dar. Es stellt sich die Frage, ob dadurch nicht die in den Abschnitten 4.3.1 bis 4.4 erhaltenen Ergebnisse zur Vertragsgestaltung verändert werden. Diese Frage kann mit „Nein" beantwortet werden, da, wie die weiteren Abschnitte zeigen werden, Aussagen über die Vertragsgestaltung gewonnen werden können, die den Ergebnissen des Standard- bzw. LEN-Modells entsprechen.

Das Entscheidungsverhalten der i-ten Beschaffungsstelle wird analog zum MH-Ansatz durch ein bezüglich des Einkommens und der Aktion separables Präferenzfunktional

$$V_i(a_i, r_i, s_i, x_i) = E\big[L_i(\cdot)\big] - \alpha_i\sqrt{Var\big[L_i(\cdot)\big]} - c_i a_i x_i$$

beschrieben, wobei c_i ein Maß für das Arbeitsleid des Bereiches ist. Die unsichere Entlohnung $L_i(\cdot)$ wird durch das klassische Entscheidungsprinzip der Erwartungswert-Standardabweichungsregel bewertet.[27] Dabei stellt der Term $\alpha_i\sqrt{Var\big[L_i(\cdot)\big]}$ eine Risikoprämie dar, die der Bereich für die Übernahme des mit dem Vertrag $L_i(\cdot)$ verbundenen Risikos verlangt. Der lineare Term $c_i a_i x_i$ beschreibt das Arbeitsleid.

An dieser Stelle werden noch einmal die wichtigsten Voraussetzungen aufgelistet, die in Abschnitt 4.10 weitergehend diskutiert werden.

[27]Die Rationalität der Erwartungwert-Standardabweichungsregel wird eingehend in Abschnitt 4.10 diskutiert.

- Rohstoffstückkostenbildung

$$k_i(a_i, \omega) = k_i(\omega) - a_i$$

- Entlohnungsfunktion

$$L_i(s_i, r_i, x_i) = s_i\Big(K_i - k_i(a_i, \omega)\Big)x_i + r_i$$

- Präferenz der Unternehmensleitung

$$E\Big[G(a, r, s, x, y, d)\Big] = E\Big[\sum_{i=m+1}^{n} e_i(y_i) - \sum_{i=1}^{m} k_i(a_i, \omega)x_i - \sum_{i=1}^{m} L_i(s_i, r_i, x_i)\Big]$$

- Präferenz der Beschaffungsstelle

$$V_i(a_i, r_i, s_i, x_i) = E\Big[L_i(\cdot)\Big] - \alpha_i\sqrt{Var\Big[L_i(\cdot)\Big]} - c_i a_i x_i$$

Abb. 10: **Komponenten des Lenkpreismodells**

Als Hauptaspekt kommt neu die Vertragsgestaltung hinzu, die wiederum auf Risikoallokation und Anreizproblematik hin untersucht wird. Dazu werden, wie in den Abschnitten zuvor, die (Referenz-)Situationen - Risikoallokation-, First-best- und Second-best-Situation - unter den Gesichtspunkten Verrechnungspreisbildung und Vertragsgestaltung betrachtet. Wobei letzterer Gesichtspunkt mit den Ergebnissen des Standard- bzw. LEN-Modells verglichen werden.

4.6 Verrechnungspreisbildung in der Risikoallokationssituation

Im Mittelpunkt der Darstellungen des Standardmodells der Prinzipal-Agenten-Theorie standen der Einfluß von Risikoallokation und Anreizproblematik. Eine isolierte Untersuchung der Risikoallokation erfolgte über das „Referenzmodell Risikoallokationssituation". Zur Untersuchung dieses Einflusses auf das

Lenkpreismodell wird wie folgt vorgegangen: Zunächst erfolgt die Formulierung eines integrierten Gesamtplanungsproblems zur zentralen Produktions- bzw. Absatzplanung in der Risikoallokationssituation. Darauf aufbauend wird die Verrechnungspreisbildung bei einer dezentralen Produktions- und Absatzplanung untersucht. Damit können dann Aussagen zur Vertragsgestaltung formuliert werden, die den Erkenntnissen des Standardmodells bzw. des LEN-Modells aus den Abschnitten 4.3.1 und 4.4 entsprechen.

4.6.1 Problemformulierung

Gegenstand des Risikoallokationsproblems ist die vertragliche Aufteilung eines risikobehafteten Ergebnisses auf mehrere Personen (vgl. Abschnitt 4.2 bzw. 4.3.1). Bezogen auf das Lenkpreismodell wird von beliebigen, aber fest gewählten Aktionen $\bar{a}_i$ $(i = 1, \ldots, m)$ der einzelnen Beschaffungsstellen ausgegangen und damit vom Anreizproblem abstrahiert.

In diesem Fall besagen die Marktbedingungen, daß die einzelnen Beschaffungsstellen bei vorgegebenen Aktionen $\bar{a}_i$ die Verträge nur aktzeptieren, falls diese ihnen jeweils einen Mindestpräferenzwert in Höhe von $\bar{V}_i$ garantieren

$$V_i(\bar{a}_i, r_i, s_i, x_i) \geq \bar{V}_i, \quad i = 1, \ldots, m.$$

Damit kann ein Gesamtplanungsproblem zur zentralen Produktions- und Absatzplanung wie folgt formuliert werden: Die Unternehmensleitung versucht ihren erwarteten Unternehmenserfolg unter Berücksichtigung der herrschenden Produktionsbeziehungen des Grundmodells - dargestellt durch die Bilanzgleichungen und die Variablenbeschränkungen aus Abschnitt 2.2 - sowie die Marktbedingungen bei Vorliegen der Aktionen $\bar{a}_i$ zu maximieren

$$\begin{aligned} E^{\max} = \max \Big\{ E\big[G(\bar{a}, \cdot)\big] \mid \ & x = A(d)x + y,\ (y, x, d) \in (Y \times X \times D), \\ & V_i(\bar{a}_i, \cdot) \geq \bar{V}_i,\ i = 1, \ldots, m,\ (r, s) \in (R \times S) \Big\}. \end{aligned}$$

Dabei sind in der Risikoallokationssituation die Variablen μ_i, σ_i, α_i, $\bar{V}_i$ und auch die Variablen $\bar{a}_i$ exogen gegeben. Die Variablen y_i, x_i, d_i, r_i und s_i sind dagegen endogen zu bestimmen.

4.6.2 Aussagen zu den Verrechnungspreisen

Für das Gesamtunternehmen entstehen zum einen Rohstoffkosten durch Leistungsbezug von außerhalb des Unternehmens und Lohnkosten durch die Vertragsbeziehungen zwischen Unternehmens- und Stellenleitung. Für die Unternehmensleitung stellt sich die Frage, wie diese Kosten den einzelnen Stellen zuzurechnen sind. Im Grundmodell erfolgte eine Zurechnung der Rohstoffkosten folgendermaßen: Jede Stelle versuchte ihren Stellenerfolg auf der Basis von Verrechnungspreisen für die ausgetauschten Leistungen zu maximieren. Je nach vorgegebenen Verrechnungspreisen wählten die einzelnen Stellen eine andere Stellenstrategie. Lieferten die Stellenentscheidungen zusammen eine optimale Gesamtunternehmensstrategie, so lag eine optimale Zurechnung der Kosten vor (im Sinne einer optimalen Gesamtunternehmensstrategie). Diese Überlegung soll im folgenden auf das erweiterte Grundmodell übertragen werden.

Dazu ist folgende Vorüberlegung notwendig: Sie besagt, daß die Marktbedingungen bindend sind.

Satz 4.6.1 *Sind die zu E^{max} gehörigen Kuhn-Tucker Bedingungen erfüllt, so sind die Marktbedingungen bindend, d. h.*

$$\begin{aligned} \bar{V}_i &= V_i(\bar{a}_i, r_i, s_i, x_i) \\ &= s_i(K_i - \mu_i + \bar{a}_i)x_i + r_i - \alpha_i\sigma_i s_i x_i - c_i\bar{a}_i x_i, \quad i = 1, \ldots, m. \end{aligned}$$

Beweis Differentation der Lagrangefunktion $L(\cdot)$ von E^{max} ergibt die notwendigen Bedingungen

$$\frac{\partial L(\cdot)}{\partial r_i} = -1 + \lambda_i = 0, \quad i = 1, \ldots, m,$$

und mit der dritten Kuhn-Tucker-Bedingung folgt dann die Behauptung. □

Die Marktbedingungen repräsentieren eine Menge zulässiger Verträge. Setzt man diese Bedingungen in die Zielfunktion ein, so erhält man mit

$$E[G(\cdot)] = \sum_{i=m+1}^{n} e_i(y_i) - \sum_{i=1}^{m}(\mu_i + (c_i - 1)\bar{a}_i + \alpha_i s_i \sigma_i)x_i - \sum_{i=1}^{m} \bar{V}_i$$

folgendes Gesamtplanungsproblem

$$E^{\max} = \max\Big\{E[G(\cdot)] \mid x = A(d)x + y,\ (r,s,y,x,d) \in (R \times S \times Y \times X \times D)\Big\}.$$

Das Risikoallokationsproblem besitzt eine ähnliche Struktur wie das Grundmodell. Es kann daher analog in m-Beschaffungs-, $n-m$ Produktions- und $n-m$ Veräußerungsstellen zerlegt werden. Dabei werden die Stellenerfolge auf Basis von Verrechnungspreisen für die ausgetauschten Leistungen ermittelt.

Für die Beschaffungsstelle $i = 1, \ldots, m$ ergibt sich der Stellenerfolg $EJ_i(\cdot)$ aus den Erlösen $u_i x_i$ abzüglich der Kosten, die durch Leistungsbezug von anderen Stellen stammen. Dabei werden die Kosten mit den entsprechenden Verrechnungspreisen $\sum_{j=1}^{n} a_{ji}(d_i)u_j$ bewertet. Hinzu kommen die unsicheren Rohstoffkosten in Höhe von $(\mu_i - \bar{a}_i)x_i$. Diese werden risikoneutral mit dem Erwartungswert bewertet. Weiter fallen Kosten für die Vertragsgestaltung in Höhe von $\bar{V}_i + c_i\bar{a}_i x_i + s_i\alpha_i\sigma_i x_i$ an. Bei den Produktionsstellen entfallen die letztgenannten Kosten

$$\begin{aligned} &EJ_i(\bar{a}_i, s_i, x_i, d_i, u) \\ &= \begin{cases} \Big(u_i - \sum\limits_{j=1}^{n} a_{ji}(d_i)u_j - \mu_i - (c_i - 1)\bar{a}_i - \alpha_i\sigma_i s_i\Big)x_i - \bar{V}_i, & i = 1, \ldots, m \\ \Big(u_i - \sum\limits_{j=1}^{n} a_{ji}(d_i)u_j\Big)x_i, \quad i = m+1, \ldots, n. \end{cases} \end{aligned}$$

Der Stellenerfolg $EV_i(\cdot)$ der Veräußerungsstelle $i = m+1, \ldots, n$ ergibt sich aus den Verkaufserlösen $e_i(y_i)$ abzüglich der Kosten mit dem entsprechenden Verrechnungspreis bewerteten Kosten $y_i u_i$

$$EV_i(y_i, u) = e_i(y_i) - y_i u_i, \quad i = m+1, \ldots, n.$$

Jede Beschaffungs-, Produktions- und Veräußerungsstelle versucht nach Vorgabe der Verrechnungspreise $u \in R^n$ ihren Stellenerfolg unter Berücksichtigung ihrer Beschränkungen zu maximieren

$$\begin{aligned} EJ_i^{\max}(u) &= \max\Big\{EJ_i(\cdot) \mid s_i \in S_i,\ x_i \geq 0,\ d_i \in D_i\Big\} \\ EV_i^{\max}(u) &= \max\Big\{EV_i(\cdot) \mid y_i \in Y_i\Big\}. \end{aligned}$$

Je nach Wahl der Verrechnungspreise wählen die einzelnen Stellen eine andere Stellenstrategie. Analog zu Satz 2.4.4 des modifizierten Ressourcen-Allokationsproblems aus Abschnitt 2.4 gilt folgender Sachverhalt: Existieren Verrechnungspreise, so daß Lösungen der Teilplanungsprobleme $EJ_i^{max}(\cdot)$ und $EV_i^{max}(\cdot)$ die Bilanzgleichungen erfüllen, so liefern diese eine Lösung des Gesamtplanungsproblems E^{max}. Der erste Teil des folgenden Satzes liefert eine Charakterisierung solcher Verrechnungspreise und der zweite Teil Bedingungen für die Existenz.

Satz 4.6.2

a) Sind Lösungen $(\bar{u}, \bar{s}, \bar{d})$ der Verrechnungspreisstruktur

$$\begin{aligned} u_i &= \min_{s_i \in S_i, d_i \in D_i} \left[\sum_{j=1}^{n} a_{ji}(d_i)u_j + \mu_i + (c_i - 1)\bar{a}_i + s_i\alpha_i\sigma_i\right], \quad i = 1, \dots, m \\ u_i &= \min_{d_i \in D_i} \left[\sum_{j=1}^{n} a_{ji}(d_i)u_j\right], \quad i = m+1, \dots, n \end{aligned}$$

gegeben, ist weiter die Direktbedarfsmatrix $A(\bar{d})$ produktiv und existieren Lösungen der Teilplanungsprobleme $EV_i^{\max}(\bar{u})$ $(i = m+1, \dots, n)$, so liefern gewisse Lösungen der Teilplanungsprobleme $EV_i^{\max}(\bar{u})$ und $EJ_i^{\max}(\bar{u})$ eine Lösung des Gesamtplanungsproblems $E^{\max}$. Weiter gilt

$$E^{\max} = \sum_{i=m+1}^{n} EV_i(\bar{u}).$$

b) Sind die Verbrauchsfunktionen

$$a_{ji}(d_i), \qquad i, j = 1, \dots, n$$

konvex und stetig auf D und ist die Matrix $A(d)$ für alle Intensitäten $d \in D$ produktiv, so existiert eine Lösung $(\bar{u}, \bar{s}, \bar{d})$ der Verrechnungspreisstruktur.

Beweis

Zu a) Die Behauptung gilt analog zu Satz 2.5.1 mit

$$k_i := \mu_i + (c_i - 1)\bar{a}_i + s_i\alpha_i\sigma_i.$$

Zu b) Es gilt

$$\begin{aligned} u_i &= \min_{s_i\in S_i, d_i\in D_i} \left[\sum_{j=1}^{n} a_{ji}(d_i)u_j + \mu_i + (c_i - 1)\bar{a}_i + s_i\alpha_i\sigma_i\right] \\ &= \min_{d_i\in D_i} \left[\sum_{j=1}^{n} a_{ji}(d_i)u_j\right] + \min_{s_i\in S_i} \left[\mu_i + (c_i - 1)\bar{a}_i + s_i\alpha_i\sigma_i\right]. \end{aligned}$$

Da das Minimum über der Menge S_i existiert, kann mit

$$k_i := \min_{s_i\in S_i} \left[\mu_i + (c_i - 1)\bar{a}_i + s_i\alpha_i\sigma_i\right].$$

die Behauptung analog zu Satz 2.6.2 bewiesen werden. □

Die Verrechnungspreisstruktur kann ähnlich dem Vorgehen von *Kistner* [1991, S. 195] über eine Leistungsbilanz interpretiert werden: Die Gesamtstellenleistung x_i der Stelle i wird mit dem Verrechnungspreis u_i so bewertet, daß der Wert der Leistungen den variablen Kosten entspricht. Bei dieser Gleichgewichtsbetrachtung werden die fixen Vertragskosten $\bar{V}_i$ nicht berücksichtigt.

Dem Wert der Gesamtstellenleistungen $u_i x_i$ stehen zum einen Kosten durch Inanspruchnahme von Leistungen anderer Stellen - bewertet mit dem jeweiligen Verrechnungspreis - in Höhe von

$$\sum_{j=1}^{n} a_{ji}(d_i)u_j x_i$$

gegenüber. Hinzu kommen bei den Beschaffungsstellen die Rohstoffkosten $(\mu - a_i)x_i$, die von der Unternehmensleitung risikoneutral mit dem Erwartungswert μ_i bewertet werden. Weiter entstehen variable Kosten bei der Vertragsgestaltung in Höhe von $c_i a_i x_i + s_i\alpha_i\sigma_i x_i$. Insgesamt ergibt sich folgende Leistungsbilanz

$$u_i x_i = \sum_{j=1}^{n} a_{ji}(d_i)u_j x_i + \mu_i x_i + (c_i - 1)a_i x_i + s_i\alpha_i\sigma_i x_i,$$

die der Leistungbilanz aus Unterabschnitt 2.5.2 ähnelt.

Die Verrechnungspreisstruktur besagt nun, daß die Intensität d_i und der risikoabhängige Anteil s_i so gewählt werden soll, daß die Stückkosten minimal werden.

4.6.3 Aussagen zur Vertragsgestaltung

Auf Grundlage der Verrechnungspreisstruktur können Aussagen zur Vertragsgestaltung (über den optimalen risikoabhängigen Anteil) gewonnen werden, die den Sätzen des Standard- bzw. LEN-Modells in der Risikoallokationssituation entsprechen. Im Standardmodell der normativen Prinzipal-Agenten-Theorie übernahm in der Risikoallokationssituation der risikoneutrale Prinzipal das gesamte Risiko für den risikoaversen Agenten, indem er ihm eine konstante und damit risikofreie Bezahlung zugestand (vgl. Satz 4.3.3 nach *Harris/Raviv* [1979, S. 244, Cor. 1]). Dieses Ergebnis läßt sich auch auf das vorliegende Risikoallokationsproblem übertragen. Die risikoneutrale Unternehmensleitung übernimmt ebenfalls in dieser Situation das gesamte Risiko für die risikoaversen Bereiche, indem sie ihnen jeweils eine feste - und damit risikofreie - Bezahlung gewährleistet.

Satz 4.6.3 *Ist* $(\bar{u}, \bar{s}, \bar{d})$ *eine Lösung der Verrechnungspreisstruktur, so gilt*

$$\bar{s}_i = 0, \qquad \bar{r}_i = \bar{V}_i + c_i \bar{a}_i x_i, \qquad i = 1, \ldots, m.$$

Beweis Die erste Identität ergibt sich aus der Verrechnungspreisstruktur, die zweite aus der Marktbedingung. □

4.7 Verrechnungspreisbildung in der First-best-Situation

Im Standardmodell der normativen Agency-Theorie wurde als zweite Referenzsituation die First-best-Situation dargestellt, die die Aufteilung eines (unsicheren) Ergebnisses bei Informationssymmetrie zum Inhalt hat. Diese Situation wird im folgenden für das Lenkpreismodell untersucht.

In der Risikoallokationssituation wurde ein integriertes Gesamtplanungsmodell zur zentralen Produktions- und Absatzplanung formuliert. Auf dessen Basis konnte durch Formulierung entsprechender Teilplanungsprobleme die Frage der Verrechnungspreisbildung diskutiert werden, die Aussagen zur Vertragsgestaltung ermöglichte. Analog wird in der First-best-Situation vorgegangen.

4.7.1 Problemformulierung

Ein integriertes Gesamtplanungsproblem zur zentralen Produktions- und Absatzplanung kann wie folgt formuliert werden: Die Unternehmensleitung versucht, wie beim Risikoallokationsproblem, den erwarteten Unternehmenserfolg unter Berücksichtigung der herrschenden Produktionsbeziehungen - dargestellt durch Bilanzgleichungen und Variablenbeschränkungen - sowie den Marktbedingungen zu maximieren. Neu hinzu kommt die Wahl der Aktionen. Die Unternehmensleitung kann in der First-best-Situation die Aktion der jeweiligen Stellen entweder direkt oder indirekt beobachten. Sie kann daher die einzelnen Stellen zu den für sie optimalen Aktionen a_i durch entsprechende Sanktionen zwingen. Das First-best-Problem lautet daher

$$E^{max} = \max\Big\{E\big[G(\cdot)\big] \mid \; x = A(d)x + y,\ (y,x,d) \in (Y \times X \times D),\\ V_i(\cdot) \geq \bar{V}_i,\ i = 1,\dots,m, (a,r,s) \in (A \times R \times S)\Big\}.$$

4.7.2 Aussagen zu den Verrechnungspreisen

Gegenstand dieses Unterabschnitts ist die Frage, wie die Rohstoffkosten und die durch die Vertragsgestaltung entstehenden Kosten den einzelnen Stellen mittels Verrechnungspreisen zugerechnet werden sollen. Dazu wird das First-best-Problem, wie in der Risikoallokationssituation, in Teilplanungsprobleme zerlegt und über entsprechende Verrechnungspreise miteinander koordiniert.

Dies ermöglicht eine Charakterisierung von Verrechnungspreisen, die eine starke Analogie zum Gleichungsverfahren der innerbetrieblichen Leistungsverrechnung aufweist.

Analog zu Satz 4.6.1 kann gezeigt werden, daß die Marktbedingungen für alle Beschaffungsstellen bindend sind. Setzt man diese Beziehung in den Zielfunktionswert des First-best-Problems ein, so kann das First-best-Problem mit $E[G(\cdot)] := \sum_{i=m+1}^{n} e_i(y_i) - \sum_{i=1}^{m} \Big(\mu_i + \big(c_i - 1\big)a_i + \alpha_i s_i \sigma_i\Big)x_i - \sum_{i=1}^{m} \bar{V}_i$, wie folgt umformuliert werden

$$E^{\max} = \max\Big\{E\big[G(\cdot)\big] \mid \quad x = A(d)x + y, \\ (a, r, s, y, x, d) \in (A \times R \times S \times Y \times X \times D)\Big\}.$$

Das First-best-Problem ist bis auf die Maximierung über die Aktionen a_i identisch mit dem Risikoallokationsproblem und kann mit Methoden der dualen Dekomposition in Teilplanungsprobleme für die Beschaffungs-, Produktions- und Veräußerungsstellen zerlegt werden. Allerdings muß bei den Stellenerfolgen $EJ_i(\cdot)$ der Beschaffungsstellen die Wahl einer entsprechenden Aktion a_i mitberücksichtigt werden. Dies führt zu folgenden Teilplanungsproblemen

$$EJ_i^{\max}(u) = \max\Big\{EJ_i(\cdot) \mid a_i \in A_i,\ s_i \in S_i,\ x_i \in X_i,\ d_i \in D_i\Big\}$$
$$EV_i^{\max}(u) = \max\Big\{EV_i(\cdot) \mid y_i \in Y_i\Big\}.$$

Analog kann Satz 2.4.4 des allgemeinen Ressourcen-Allokationsproblems auf die First-best-Situation übertragen werden: Existieren Lösungen der Teilplanungsmodelle $EJ_i^{max}(\cdot)$ und $EV_i^{max}(\cdot)$, die die Bilanzgleichungen erfüllen, so liefern diese eine Lösung des Gesamtplanungsproblems E^{max}. Die Frage, bei welchen Verrechnungspreisen dies der Fall ist, beantwortet der erste Teil des folgenden Satzes. Demgegenüber macht der zweite Teil Aussagen zur Existenz solcher Verrechnungspreise.

Satz 4.7.1

a) Ist $(\bar{u}, \bar{a}, \bar{s}, \bar{d})$ eine Lösung der Verrechnungspreisstruktur

$$\begin{aligned} u_i &= \min_{\substack{a_i \in A_i, \\ s_i \in S_i, d_i \in D_i}} \left[\sum_{j=1}^{n} a_{ji}(d_i) u_j + \mu_i + (c_i - 1) a_i + s_i \alpha_i \sigma_i \right], \quad i = 1, \dots, m \\ u_i &= \min_{d_i \in D_i} \left[\sum_{j=1}^{n} a_{ji}(d_i) u_j \right], \quad i = m+1, \dots, n \end{aligned}$$

gegeben, ist weiter die Direktbedarfsmatrix $A(\bar{d})$ produktiv, und sind alle Teilplanungsprobleme $EV_i^{\max}$ $(i = m+1, \dots, n)$ lösbar, so liefern gewisse Lösungen der Teilplanungsprobleme $EV_i^{\max}(\bar{u})$ und $EJ_i^{\max}(\bar{u})$ eine Lösung des Gesamtplanungsproblems $E^{\max}$. Weiter gilt

$$E^{\max} = \sum_{i=m+1}^{n} EV_i^{\max}(\bar{u}).$$

b) Sind die Verbrauchsfunktionen

$$a_{ji}(d_i), \qquad i, j = 1, \dots, n$$

konvex und stetig auf D, und ist die Matrix $A(d)$ für alle Intensitäten $d \in D$ produktiv, so existiert eine Lösung $(\bar{u}, \bar{a}, \bar{s}, \bar{d})$ der Verrechnungspreisstruktur.

Beweis

Zu a) Die Behauptung gilt analog zu Satz 2.5.1 mit

$$k_i := \mu_i + (c_i - 1)\bar{a}_i + s_i \alpha_i \sigma_i.$$

Zu b) Es gilt

$$\begin{aligned} u_i &= \min_{\substack{a_i \in A_i, \\ s_i \in S_i, d_i \in D_i}} \left[\sum_{j=1}^{n} a_{ji}(d_i) u_j + \mu_i + (c_i - 1)\bar{a}_i + s_i \alpha_i \sigma_i \right] \\ &= \min_{d_i \in D_i} \left[\sum_{j=1}^{n} a_{ji}(d_i) u_j \right] + \min_{a_i \in A_i, s_i \in S_i} \left[\mu_i + (c_i - 1)\bar{a}_i + s_i \alpha_i \sigma_i \right]. \end{aligned}$$

Da das Minimum über der Menge $A_i \times S_i$ existiert, kann mit

$$k_i := \min_{a_i \in A_i, s_i \in S_i} \left[\mu_i + (c_i - 1)\bar{a}_i + s_i \alpha_i \sigma_i \right].$$

die Behauptung analog zu Satz 2.6.2 bewiesen werden. □

Für jede Beschaffungsstelle ergibt sich dieselbe Leistungsbilanz wie beim Risikoallokationsproblem. Im Vergleich zum Risikoallokationsproblem ist die Aktion a_i jedoch keine exogen gegebene, sondern eine endogen zu bestimmende Variable. Dies äußert sich bei der Wahl der optimalen Aktion $\bar{a}_i$ dahingehend, daß diese stückkostenminimal gewählt werden muß.

4.7.3 Aussagen zur Vertragsgestaltung

Wiederum können Aussagen über die Vertragsgestaltung anhand der Verrechnungspreisstruktur getroffen werden: Analog zu dem in Abschnitt 4.6 formulierten Ergebnis von *Harris/Raviv* [1979, S. 244, Cor. 1] übernimmt auch in der First-best-Situation die risikoneutrale Unternehmensleitung das gesamte Risiko für die risikoaversen Bereiche, indem sie ihnen jeweils eine feste und damit risikofreie Bezahlung gewährleistet. Damit liegt dieselbe optimale Risikoteilung wie in Abschnitt 4.6 vor.

Satz 4.7.2 *Ist eine Lösung* $(\bar{u}, \bar{a}, \bar{s}, \bar{d})$ *der Verrechnungspreisstruktur gegeben, so gilt*

$$\bar{s}_i = 0, \qquad \bar{r}_i = \bar{V}_i + c_i \bar{a}_i x_i, \qquad i = 1, \ldots, m.$$

Beweis Die erste Aussage ergibt sich aus der Verrechnungspreisstruktur, während sich die zweite aus der Marktbedingung ergibt. □

Im Standardmodell hatte die Ergebnisbeteiligung, wie die Abschnitte 4.3.1 und 4.3.2 zeigten, nur eine Risikoaufteilungs- und keine Anreizfunktion. Dieses Ergebnis zeigt sich in dieser Modellierung analog daran, daß das optimale Anstrengungsniveau $\bar{a}_i$ unabhängig von der Ergebnisbeteiligung $\bar{s}_i$ ist. Weiter läßt sich aus der Verrechnungspreisstruktur unmittelbar zeigen, daß das optimale Anstrengungsniveau a_i nur von der Grenzproduktivität und dem Anstrengungsparameter c_i abhängt, ansonsten von anderen Faktoren unabhängig ist. Ein analoges Ergebnis gilt auch für das LEN-Modell aus Abschnitt 4.4 (vgl. *Blickle-Liebersbach* [1989, S. 44, Erg. 3.1.a]).

Korollar 4.7.3 *Das optimale Anstrengunsniveau $\bar{a}_i$ hängt nur von der Grenzproduktivität und dem Anstrengungsparameter c_i ab*

$$\bar{a}_i = \begin{cases} a_i^{\max}, & \textit{falls } c_i < 1 \\ a_i \in A_i, & \textit{falls } c_i = 1 \\ a_i^{\min}, & \textit{falls } c_i > 1. \end{cases}$$

4.8 Verrechnungspreisbildung in der Second-best-Situation

Nach Darstellung der beiden Referenzmodelle Risikoallokations- und First-best-Situation, bei denen die Risikoallokationsproblematik isoliert von der Anreizproblematik betrachtet wurde, folgt eine Darstellung der Second-best-Situation. In dieser Situation, die durch eine asymmetrische Informationsverteilung gekennzeichnet ist, kommt neben dem Einfluß der Risikoallokation der Aspekt der Anreizproblematik hinzu. Zur Untersuchung dieser Situation wird wie folgt verfahren: Nach Formulierung der Second-best-Situation erfolgt eine Untersuchung dazugehöriger Verrechnungspreise. Anschließend werden darauf aufbauend Eigenschaften der Vertragsgestaltung untersucht, die u. a. einen Vergleich mit den Referenzsituationen ermöglichen.

4.8.1 Problemformulierung

In der Second-best-Situation kann die Unternehmensleitung aufgrund vorherrschender Informationssymmetrie ausschließlich die realisierten Beschaffungskosten k_i, nicht aber die von der jeweiligen Stelle gewählte Aktion a_i beobachten. Nach Vertragsabschluß ist jede Stelle mit der Entlohnungsfunktion $L_i(\cdot)$ konfrontiert, auf deren Grundlage sie ihre, für die Unternehmensleitung nicht beobachtbare Aktion a_i wie folgt auswählt

$$a_i \in arg \max_{a_i \in A_i} V_i(\cdot) := \Big\{ \bar{a}_i \mid V_i(\bar{a}_i, s_i, r_i, x_i) \geq V_i(a_i, s_i, r_i, x_i) \; \forall a_i \in A_i \Big\}.$$

Die Unternehmensleitung versucht zur zentralen Produktions- und Absatzplanung ihren erwarteten Unternehmenserfolg unter Berücksichtigung der herrschenden Produktionsbeziehungen des Unternehmens - dargestellt durch Bilanzgleichung und Variablenbeschränkungen - die Marktbedingungen sowie die Anreizbedingungen zu maximieren. Das Second-best-Problem lautet daher

$$E^{\max} = \Big\{E\big[G(\cdot)\big] \mid \; x = A(d)x + y, \; (y, x, d) \in (Y \times X \times D), V_i(\cdot) \geq \bar{V}_i, \\ a_i \in arg \max_{a_i \in A_i} V_i(\cdot), \; i = 1, \ldots, m, \; (r, s) \in (R \times S)\Big\}.$$

4.8.2 Aussagen zu den Verrechnungspreisen

Das Second-best-Problem kann analog zu dem von *Spremann* [1987, 1988] formulierten LEN-Modell in drei Schritten gelöst werden: In Schritt eins wird untersucht, mit welcher Aktion a_i die i-te Beschaffungstelle auf die Entlohnungsfunktion $L_i(\cdot)$ reagiert, die durch das Tupel (r_i, s_i) repräsentiert wird. In dem beschriebenen Modellrahmen wählt die i-te Stelle ihre Aktion $a_i \in A_i$ wie folgt

$$a_i \in arg \max_{a_i \in A_i} V_i(\cdot).$$

Dies liefert folgende Lösung in Abhängigkeit vom erfolgsabhängigen Anteil s_i und dem Anstrengungsparameter c_i

$$\bar{a}_i = \begin{cases} a_i^{\max}, & \text{falls } s_i \geq c_i, \quad x_i > 0 \\ a_i^{\min}, & \text{falls } s_i < c_i, \quad x_i > 0. \end{cases}$$

Für den Fall der Gleichheit von s_i und c_i ist aus Sicht des Agenten jede zulässige Aktion optimal. In diesem Fall handelt er im Sinn des Prinzipals und wählt die für den Prinzipal bessere Aktion a^{max}. Dies führt zu folgendem Satz (vgl. *Spremann* [1987, S. 19, Theo. 1])

Satz 4.8.1 *Weder die feste Prämie r_i noch der Reservationsnutzen $\bar{V}_i$ haben einen Einfluß auf die Aktion a_i von Stelle i. Weiterhin ist die Wahl der Aktion unabhängig von der vorgegebenen Vergleichsgröße K_i.*

In Schritt zwei wird das das Belohnungsschema repräsentierende Tupel (r_i, s_i) auf die Menge der durch die Marktbedingung zulässigen Möglichkeiten reduziert. Analog zu Satz 4.6.1 kann gezeigt werden, daß die Marktbedingungen bindend sind. Auflösen der Marktbedingung ergibt folgende Struktur für die risikofreie Bezahlung r_i

$$r_i = \bar{V}_i - s_i(K_i - \mu_i + \bar{a}_i)x_i + \alpha_i\sigma_i s_i x_i + \bar{a}_i c_i x_i.$$

In Schritt drei wird das zentrale Produktions- und Absatzproblem $E^{\max}$ untersucht: Mit den zuvor hergeleiteten Beziehungen kann das Second-best-Problem mit

$$E[G(\cdot)] := \sum_{i=m+1}^{n} e_i(y_i) - \sum_{i=1}^{m}(\mu_i + (c_i - 1)a_i + \alpha_i\sigma_i s_i)x_i - \sum_{i=1}^{m} \bar{V}_i$$

wie folgt umformuliert werden

$$E^{\max} =$$
$$\max\Big\{E\big[G(\cdot)\big] \mid \quad x = A(d)x + y,$$
$$(a, r, s, x, y, d) \in (arg \max_{a \in A} V(\cdot) \times R \times S \times X \times Y \times D)\Big\}.$$

Das integrierte Gesamtplanungsproblem in der Second-best-Situation besitzt eine ähnliche Struktur wie die Gesamtplanungsprobleme in den Referenzsituationen und kann daher in entsprechende Teilplanungsprobleme für Beschaffungs-, Produktions- und Veräußerungsstellen zerlegt werden

$$EJ_i^{\max}(u) = \max\Big\{EJ_i(\cdot) \mid a_i \in arg \max V_i(\cdot),\ \ s_i \in S_i,\ \ x_i \geq 0,\ \ d_i \in D_i\Big\}$$
$$EV_i^{\max}(u) = \max\Big\{EV_i(\cdot) \mid y_i \in Y_i\Big\}.$$

Die Teilplanungsprobleme können analog zu den Referenzsituationen über Verrechnungspreise koordiniert werden. Folgender Satz gibt Auskunft über Struktur und Existenz entsprechender Verrechnungspreise

Satz 4.8.2

a) Ist eine Lösung $(\bar{u}, \bar{a}, \bar{s}, \bar{d})$ *der Verrechnungspreisstruktur*

$$u_i = \min_{\substack{a_i \in arg \max\{\cdot\}, \\ s_i \in S_i, d_i \in D_i}} \Big[\sum_{j=1}^{n} a_{ji}(d_i)u_j + \mu_i + (c_i - 1)a_i + s_i\alpha_i\sigma_i\Big], \quad i = 1, \ldots, m$$

$$u_i = \min_{d_i \in D_i} \left[\sum_{j=1}^{n} a_{ji}(d_i) u_j \right], \quad i = m+1, \ldots, n$$

gegeben, ist weiter die Direktbedarfsmatrix $A(\bar{d})$ produktiv und sind alle Teilplanungsprobleme $EV_i^{\max}(\bar{u})$ $(i = m+1, \ldots, n)$ lösbar, so liefern gewisse Lösungen der Teilplanungsprobleme $EV_i^{\max}(\bar{u})$ und $EJ_i^{\max}(\bar{u})$ eine Lösung des Gesamtplanungsproblems $E^{\max}$. Weiter gilt

$$E^{\max} = \sum_{i=m+1}^{n} EV_i^{\max}(\bar{u}).$$

b) Sind die Verbrauchsfunktionen

$$a_{ji}(d_i), \qquad i, j = 1, \ldots, n$$

konvex und stetig auf D, und ist die Matrix $A(d)$ für alle Intensitäten $d \in D$ produktiv, so existiert eine Lösung $(\bar{u}, \bar{a}, \bar{s}, \bar{d})$ der Verrechnungspreisstruktur.

Beweis analog zu Satz 4.7.1. □

Die Verrechnungspreisstruktur läßt sich wie folgt interpretieren: Für die i-te Beschaffungsstelle ergibt sich dieselbe Leistungsbilanz wie beim Risikoallokationsproblem. Die Aktion a_i ist, wie in der First-best-Situation, eine endogen zu bestimmende Variable, die laut Verrechnungspreisstruktur stückkostenminimal gewählt werden soll. Es kommt bei der Wahl der Aktion a_i, im Gegensatz zur First-best-Situation, die Anreizbedingung hinzu, die explizit berücksichtigt werden muß.

4.8.3 Aussagen zur Vertragsgestaltung

Aus der Verrechnungspreisstruktur können analog zu den Referenzsituationen Aussagen über die Vertragsbeziehung zwischen Unternehmensleitung und den Beschaffungsstellen gewonnen werden. Hierzu wird c. p. folgender Term der Verrechnungspreisstruktur untersucht, der über die Vertragsbeziehung Auskunft gibt

$$\begin{cases} (c_i - 1)a_i + s_i\alpha_i\sigma_i \to \min\limits_{a_i, s_i} \\ a_i \in arg\max V_i(\cdot) \\ s_i \in S_i. \end{cases}$$

Das Standardmodell der normativen Prinzipal-Agenten-Theorie zeigt, daß für einen risikoneutralen Agenten die Second-best-Lösung einer First-best-Lösung entspricht (vgl. Satz 4.3.8 nach *Harris/Raviv* [1979, S. 239, Prop. 3] bzw. *Shavell* [1979, S. 64, Prop. 4]). Diese Fragestellung, wann First-best- und Second-best-Lösung identisch sind, soll im folgenden untersucht werden. Als erstes Ergebnis kann analog zum Standard- bzw. LEN-Modell der folgende Satz formuliert werden

Proposition 4.8.3 *Ist die i-te Beschaffungsstelle risikoneutral, so sind First-best- und Second-best-Lösung identisch.*

Beweis Ist die i-te Beschaffungsstelle risikoneutral und somit $\alpha_i = 0$, so kann s_i beliebig und damit $a_i \in A_i$ uneingeschränkt gewählt werden, was zur Umgehung der Anreizbedingung führt. □

Falls der Anstrengungsparameter c_i größer als der in dieser Modellierung auf den Wert Eins normierte Produktivitätsparameter ist, so ist in der First-best-Situation ein Anstrengungsniveau von $\bar{a}_i = a_i^{min}$ optimal, was in der Second-best-Situation durch Wahl des Risikoanteils $\bar{s}_i = 0$ erreicht werden kann. Damit ist die Anreizbedingung nicht bindend und First-best- und Second-best-Lösung sind identisch.

Proposition 4.8.4 *Gilt $c_i \geq 1$, so sind First-best und Second-best-Lösung identisch.*

Im Falle $c_i < 1$ wäre in der First-best-Situation die Aktion a_i^{max} optimal. In der Second-best-Situation ist die Wahl dazu noch von der Anreizbedingung

$a_i \in arg\max\{\cdot\}$ abhängig, was auf die folgende Entscheidung führt

$$\min\left\{\left(c_i - 1\right)a_i^{\max} + c_i\alpha_i\sigma_i,\ \left(c_i - 1\right)a_i^{\min}\right\}.$$

Um die Stelle zur Wahl des maximalen Anstrengungsparameters a_i^{max} zu bewegen, muß die Unternehmensleitung der Stelle einen erfolgsabhängigen Anteil in Höhe von mindestens c_i gewährleisten. Im Fall der ersten Entscheidung (a_i^{max}) ergibt sich für die Belohnungsfunktion

$$\bar{s}_i = c_i, \qquad \bar{r}_i = \bar{V}_i - c_i(K_i - \mu_i)x_i + c_i\alpha_i\sigma_i x_i.$$

Die feste Prämie $\bar{r}_i$ - und damit auch die Gesamtentlohnungsfunktion - sind abhängig von dem Risikozuschlag $c_i\alpha_i\sigma_i x_i$, den die Stelle für die unsichere erfolgsabhängige Bezahlung fordert. Je stärker die Risikoaversion der einzelnen Stellen - ausgedrückt durch den Risikokoeffizient α_i - ist, um so höher ist die feste Entlohnung und damit auch die Gesamtentlohnungsfunktion (vgl. ein ähnliches Ergebnis für das LEN-Modell von *Spremann* [1987, S. 21, Theo. 3]).

Satz 4.8.5 *Im Fall $c_i < 1$ und*

$$\left(a_i^{max} - a_i^{min}\right) \geq \frac{c_i\alpha_i\sigma_i}{(1 - c_i)}$$

gilt: Falls die Unternehmensleitung zwischen zwei Stellenleitern, die sich c. p. nur hinsichtlich ihrer Risikoaversion unterscheiden, wählen kann, so wählt sie den mit der geringeren Risikoaversion.

In diesem Fall liegt keine optimale Risikoallokation vor. Die Unternehmensleitung erhält daher - analog zu Satz 4.3.7 nach *Holmström* [1979, S. 78, Cor. 2] - einen geringeren erwarteten Gesamterfolg in der Second-best- als in der First-best-Situation.

Satz 4.8.6 *Gilt für ein i ($i = 1, \ldots, m$)*

$$c_i < 1 \quad und \quad \left(a_i^{max} - a_i^{min}\right) \geq \frac{c_i\alpha_i\sigma_i}{(1 - c_i)},$$

so erhält die Unternehmensleitung einen geringeren maximalen Gesamterfolg in der Second-best- als in der First-best-Situation.

4.9 Agency-Kosten

Vergleicht man analog zu Abschnitt 4.3.4 die Second-best-Situation mit dem Referenzmodell der First-best-Situation und damit Informationssymmetrie und Informationsasymmetrie, so ist folgendes zu beobachten: In beiden Situationen erhalten die Bereiche jeweils nur ihren Mindestpräferenzwert in Höhe von V_i. In der Second-best-Situation können jedoch für die Unternehmensleitung Fälle[28] eintreten, in denen der erwartete Gesamterfolg geringer als in der First-best-Situation ist. Damit treten durch die Informationsasymmetrie „Verluste" auf.

Diese Tatsache führt im Standard- bzw. LEN-Modell auf den Begriff der Agency-Kosten (AC). Diese wurden für den Fall eines risikoneutralen Prinzipals als Differenz des optimalen Zielfunktionswertes in der First-best-Situation abzüglich des optimalen Zielfunktionswertes des Prinzipal-Agenten-Problems in der Second-best-Situation definiert (vgl. 4.3.4)

$$AC = E\Big(x_{fb} - s_{fb}(x_{fb})\Big) - E\Big(x_{sb} - s_{sb}(x_{sb})\Big).$$

Analog lassen sich die Agency-Kosten in der Lenkpreismodellierung als Differenz des erwarteten Gesamtunternehmenserfolgs in der First-best-Situation, abzüglich dem erwarteten Gesamtunternehmenserfolg in der Second-best-Situation, bestimmen. In beiden Situationen wurde das Gesamtplanungsproblem $E^{\max}$ in entsprechende Teilplanungsprobleme $EJ_i^{\max}(\cdot)$ und $EV_i^{\max}(\cdot)$ zerlegt und über Verrechnungspreise entsprechend miteinander koordiniert. Der Gesamtunternehmenserfolg ergab sich als Summe der Stellenerfolge der Veräußerungsstellen. Ist y_{fb_i} (bzw. y_{sb_i}) eine Lösung des Teilplanungsproblems $EV_i^{\max}(\cdot)$ in der First-best- (bzw. Second-best-) Situation bei Vorliegen des entsprechend der Verrechnungspreisstruktur 4.7 (bzw. 4.8) bestimmten Verrechnungspreises u_{fb_i} (bzw. u_{sb_i}), dann gilt für die Agency-Kosten

$$AC = \sum_{i=m+1}^{n} \Big(\big(e_i(y_{fb_i}) - y_{fb_i}u_{fb_i}\big) - \big(e_i(y_{sb_i}) - y_{sb_i}u_{sb_i}\big)\Big).$$

[28] Vgl. Satz 4.8.6.

Die Agency-Kosten lassen sich als Differenz der Verrechnungspreise der Produktionsstellen zwischen Second-best- und First-best-Situation, multipliziert mit den optimalen Veräußerungsmengen der First-best-Situation, nach oben abschätzen

$$\begin{aligned} AC &= \sum_{i=m+1}^{n} \Big(\big(e_i(y_{fb_i}) - y_{fb_i} u_{fb_i} \big) - \big(e_i(y_{sb_i}) - y_{sb_i} u_{sb_i} \big) \Big) \\ &\leq \sum_{i=m+1}^{n} \Big(\big(e_i(y_{fb_i}) - y_{fb_i} u_{fb_i} \big) - \big(e_i(y_{fb_i}) - y_{fb_i} u_{sb_i} \big) \Big) \\ &= \sum_{i=m+1}^{n} y_{fb_i} (u_{sb_i} - u_{fb_i}). \end{aligned}$$

Ebenfalls lassen sich die Agency-Kosten mit den Verrechnungspreisen der Produktionsstellen und den Veräußerungsmengen auch nach unten abschätzen

$$\begin{aligned} AC &= \sum_{i=m+1}^{n} \Big(\big(e_i(y_{fb_i}) - y_{fb_i} u_{fb_i} \big) - \big(e_i(y_{sb_i}) - y_{sb_i} u_{sb_i} \big) \Big) \\ &\geq \sum_{i=m+1}^{n} \big(y_{sb_i} u_{sb_i} - y_{fb_i} u_{fb_i} \big) \\ &= \sum_{i=m+1}^{n} \Big(y_{fb_i} \big(u_{sb_i} - u_{fb_i} \big) - u_{sb_i} \big(y_{fb_i} - y_{sb_i} \big) \Big). \end{aligned}$$

Bei dieser Abschätzung ist zu beachten, daß die Differenz zwischen First-best- und Second-best-Veräußerungsmenge nicht negativ sein kann. Dies verdeutlicht folgende Überlegung: Es läßt sich zeigen, daß mit abnehmenden Verrechnungspreisen die Veräußerungsmengen zunehmen.

Proposition 4.9.1 *Ist $y_i(u_i)$ eine Lösung des Teilplanungsproblems $EV_i^{\max}(u_i)$ bei Vorliegen des Verrechnungspreises u_i, so nimmt der Wert von y_i mit zunehmendem Verrechnungspreis u_i ab.*

Beweis in Anlehnung an *Hellwig* [1989, S. 15]. Ist $\bar{y}_i(\bar{u}_i)$ (bzw. $\hat{y}_i(\hat{u}_i)$) eine Lösung von $EV_i(\bar{u}_i)$ (bzw. $EV_i(\hat{u}_i)$) und sei $\bar{u}_i > \hat{u}_i \geq 0$, dann gilt aufgrund der Optimalität

$$\begin{aligned} e_i(\bar{y}_i) - \bar{y}_i \bar{u}_i &\geq e_i(\hat{y}_i) - \hat{y}_i \bar{u}_i \\ e_i(\hat{y}_i) - \hat{y}_i \hat{u}_i &\geq e_i(\bar{y}_i) - \bar{y}_i \hat{u}_i, \end{aligned}$$

woraus

$$(\bar{y}_i - \hat{y}_i)(\hat{u}_i - \bar{u}_i) \geq 0$$

und damit die Behauptung folgt. □

Da, wie ein Vergleich der Verrechnungspreisstrukturen 4.7.1 und 4.8.2 zeigt, die Verrechnungspreise der Produktionsstellen u_i $(i = m+1,\ldots,n)$ in der Second-best-Situation c. p. größere Werte als in der First-best-Situation annehmen können, folgt aus der obigen Proposition, daß die Differenz der Veräußerungsmengen nicht negativ sein kann.

4.10 Zusammenfassung, Kritik und Ausblick

Das vorliegende Kapitel beschäftigte sich mit der Verrechnungspreisbildung unter Berücksichtigung einer asymmetrischen Informationsverteilung zwischen Unternehmens- und Stellenleitung. Ziel des vorliegenden Kapitels war es, diesen Aspekt in das Grundmodell von *Hellwig* [1989] zu integrieren und einen „Lenkpreiszugang" zum Gleichungsverfahren im Hinblick auf Risikoallokation und Anreizproblematik zu untersuchen. In diesem Abschnitt werden die erhaltenen Ergebnisse zusammengefaßt und kritisch hinterfragt.

Zusammenfassung

Eine Verbindung des Grundmodells von *Hellwig* [1989] mit Elementen des LEN-Modells von *Spremann* [1987, 1988] ermöglichte eine Analyse des formulierten Ziels. Dabei wurden, um einen „Lenkpreiszugang" zum Gleichungsverfahren zu ermöglichen, die Stellenpräferenzen mit der Erwartungswert-Standardabweichungsregel modelliert. Dies warf die Frage auf, ob dadurch die Ergebnisse des Standardmodells bzw. LEN-Modells zur Vertragsgestaltung auf das Lenkpreismodell übertragen werden können. Diese Frage kann, wie folgender Vergleich der Untersuchungsergebnisse zeigt, mit „Ja" beantwortet werden.

Die Vertagsgestaltung in der Risikoallokationssituation Die Risikoallokationssituation beschreibt die Aufteilung eines risikobehafteten Ergebnisses zwischen verschiedenen Parteien. Aus Gründen optimaler Risikoteilung sollte im Standard- bzw. LEN-Modell der risikoaversere der beiden Parteien - Prinzipal und Agent - dabei ein geringeres Risiko tragen. Im Fall eines risikoneutralen Prinzipals sollte dieser das gesamte Risiko übernehmen, indem er dem Agenten eine feste und damit risikofreie Bezahlung zugesteht. In dieser Situation kann der Prinzipal den Agenten auf seinen Reservationsnutzen zurückdrängen.

Im Lenkpreismodell gelten dieselben Ergebnisse: Die risikoneutrale Unternehmensleitung übernimmt das gesamte Risiko, indem sie den einzelnen Stellen jeweils eine feste Prämie gewährt. In dieser Situation können alle Stellenleiter von der Unternehmensleitung auf ihren Mindestpräferenzwert zurückgedrängt werden.

Eigenschaften der Vertragsgestaltung im Standard- bzw. LEN-Modell

- Belohnungsschema: konstant bei risikoneutralem Prinzipal (vgl. Satz 4.3.3 nach *Harris/Raviv* [1979, S. 244, Cor. 1])
- Marktbedingung: bindend (vgl. Seite 100 nach *Rees* [1985a, S. 7])

Eigenschaften der Vertragsgestaltung im Lenkpreismodell

- Belohnungsschema: konstant ($\bar{s}_i = 0$, $\bar{r}_i = \bar{V}_i + c_i\bar{a}_i x_i$, $i = 1, \ldots, m$) (vgl. Satz 4.6.3)
- Marktbedingungen: bindend (vgl. Satz 4.6.1)

Abb. 11: Eigenschaften der Vertragsgestaltung in der Risikoallokationssituation

Die Vertragsgestaltung in der First-best-Situation Die First-best-Situation beschreibt die Aufteilung eines risikobehafteten Ergebnisses bei Informationssymmetrie. Im Standardmodell bzw. LEN-Modell zeigte sich, daß in dieser Situation dieselbe Ergebnisaufteilung wie in der Risikoallokationssituation vorliegt, was eine optimale Risikoallokation impliziert. Im Falle eines risikoneutralen Prinzipals übernimmt dieser das gesamte Risiko und gewährt dem Agenten eine feste, risikofreie Bezahlung. Wiederum kann der Prinzipal den Agenten auf seinen Mindestreservationsnutzen zurückdrängen.

Im Lenkpreismodell zeigten sich analoge Ergebnisse: Die risikoneutrale Unternehmensleitung übernimmt, wie in der Risikoallokationssituation, das gesamte Risiko und gibt den einzelnen Stellenleitern jeweils eine feste Prämie, wodurch eine optimale Risikoallokation impliziert wird. Dies wird dadurch unterstrichen, daß analog zum LEN-Modell die Wahl einer Aktion $\bar{a}_i$ durch die Stellenleitung unabhängig von der Ergebnisbeteiligung $\bar{s}_i$ ist und die Ergebnisbeteiligung damit nur eine Risikoteilungs- und keine Anreizfunktion besitzt. Wiederum konnten alle Stellenleiter von der Unternehmensleitung auf ihren Mindestpräferenzwert zurückgedrängt werden.

Eigenschaften der Vertragsgestaltung im Standard- bzw. LEN-Modell

- Risikoallokation: optimal
  (vgl. Seite 102 nach *Rees* [1985a, S. 11])
- Belohnungsschema: konstant bei risikoneutralem Prinzipal
  (vgl. Satz 4.3.6 nach *Harris/Raviv* [1979, S. 244, Cor. 1])
- Marktbedingung: bindend
  (vgl. Seite 102 nach *Rees* [1985a, S. 7])
- Aktionenwahl: abhängig von Grenzproduktivität und Anstrengungsparameter (vgl. *Blickle-Liebersbach* [1989, S. 44, Erg. 3.1.a])

Eigenschaften der Vertragsgestaltung im Lenkpreismodell

- Risikoallokation: optimal
  (vgl. Satz 4.7.2)
- Belohnungsschema: konstant ($\bar{s}_i = 0$, $\bar{r}_i = \bar{V}_i + c_i\bar{a}_i x_i$, $i = 1, \ldots, m$)
  (vgl. Satz 4.7.2)
- Marktbedingungen: bindend
  (vgl. Seite 125)
- Aktionenwahl: abhängig von Grenzproduktivität und Anstrengungsparameter (vgl. Satz 4.7.3)

Abb. 12: **Eigenschaften der Vertragsgestaltung in der First-best-Situation**

Vertragsgestaltung in der Second-best-Situation Untersuchungsgegenstand der Second-best-Situation ist die Ergebnisaufteilung zwischen einzelnen Parteien bei Vorliegen einer asymmetrischen Informationsverteilung. Dadurch kommt zur Risikoallokation die Anreizproblematik hinzu. Dies führte im Standard- bzw. LEN-Modell zu einem Konflikt zwischen beiden Effekten: Einerseits sollte aus Gründen optimaler Risikoteilung der risikoaversere der beiden ein geringeres Risiko tragen (im Fall eines risikoneutralen Prinzipals der Agent). Demgegenüber wird aber der Agent über die Ergebnisbeteiligung zu einem höheren Anstrengungsniveau motiviert. Im Fall eines risikoneutralen Prinzipals folgt daraus, daß dieser dem Agent - unter gewissen

Voraussetzungen - im Gegensatz zur First-best-Situation aus Anreizgründen keine feste, risikofreie Bezahlung mehr gewähren kann. Dies führt dazu, daß der Prinzipal im Vergleich zur First-best-Situation einen echt geringeren maximal erzielbaren Erwartungsnutzen erhält. Demgegenüber erhält der Agent - wie in der First-best-Situation - wiederum nur seinen Mindestreservationsnutzen. Im Fall eines risikoneutralen Agenten zeigt sich, daß der maximal zu erwartende Nutzen des Prinzipals in der Second-best-Situation genauso hoch wie in der First-best-Situation ist.

Im Lenkpreismodell zeigten sich analoge Ergebnisse: Hier führt das Hinzukommen der Anreizbedingung zu einem Konflikt zwischen Risikoallokation und Anreizeffekt. Dies führt dazu, daß - unter gewissen Bedingungen - keine optimale Risikoteilung zwischen Unternehmensleitung und Stellenleitung stattfindet. Die risikoneutrale Unternehmensleitung übernimmt in diesem Fall nicht mehr das gesamte Risiko, indem sie den Stellenleitern eine feste und damit risikolose Bezahlung gewährt. Statt dessen wird neben einem Fixbetrag auch ergebnisabhängige Zahlungen zwischen den Parteien vereinbart. Dies führt u. a. dazu, daß die Unternehmensleitung einen echt geringeren maximal zu erwartenden Gesamtunternehmenserfolg gegenüber der First-best-Situation erzielt, während die Stellenleitung wie in der First-best-Situation auf ihren Mindestpräferenzwert zurückgedrängt werden kann. Im Fall einer risikoneutralen Stellenleitung ergibt sich ein analoges Ergebnis wie im Standardmodell.

Eigenschaften der Vertragsgestaltung im Standard- bzw. LEN-Modell

- Risikoallokation: nicht optimal
  (vgl. Satz 4.3.4 nach *Holmström* [1979, S. 78 u. Prop. 1,])
- Belohnungsschema: nicht konstant
  (vgl. Satz 4.3.6 nach *Rees* [1985a, S. 22])
- Marktbedingung: bindend
  (vgl. Seite 104 nach *Grossman/Hart* [1983, S. 16, Cor. 2])
- Der maximale Erwartungsnutzen des Prinzipals ist in der Second-best-Situation echt geringer als in der First-best-Situation
  (vgl. Satz 4.3.7 nach *Holmström* [1979, S. 78, Cor. 2])
- Agent risikoneutral: Der maximale Erwartungsnutzen des Prinzipals ist in der Second-best-Situation gleich hoch wie in der First-best-Situation
  (vgl. Satz 4.3.8 nach *Shavell* [1979, S. 64, Prop. 4])
- Aktionenwahl: Weder die feste Prämie noch der Reservationsnutzen haben Einfluß auf die Wahl der Aktion der Stellen
  (vgl. Abschnitt 4.4 nach *Spremann* [1987, S. 19, Theo. 1])
- Risikoaversion: Falls der Prinzipal zwischen zwei Agenten wählen kann, so wählt er c. p. den mit der geringeren Risikoaversion
  (vgl. Seite 133 nach *Spremann* [1987, S. 21, Theo. 3])

Eigenschaften der Vertragsgestaltung im Lenkpreismodell

- Risikoallokation: nicht optimal
  (vgl. Satz 4.8.5)
- Belohnungsschema: nicht konstant ($\bar{s}_i = c_i$)
  (vgl. Seite 133)
- Marktbedingungen: bindend
  (vgl. Seite 130)

Abb. 13: Eigenschaften der Vertragsgestaltung in der Second-best-Situation

- Der maximal zu erwartende Gesamtunternehmenserfolg ist in der Second-best-Situation echt geringer als in der First-best-Situation (vgl. Satz 4.8.6)
- Stellenleiter risikoneutral: Der maximal zu erwartende Gesamtunternehmenserfolg ist in der Second-best-Situation gleich hoch wie in der First-best-Situation (vgl. Satz 4.8.3)
- Aktionenwahl: Weder die feste Prämie noch der Reservationsnutzen haben Einfluß auf die Aktionenwahl der einzelnen Stellenleiter (vgl. Satz 4.8.1)
- Risikoaversion: Falls die Unternehmensleitung zwischen zwei Stellenleitern wählen kann, so wählt sie c. p. den mit der geringeren Risikoaversion (vgl. Satz 4.8.5)

Abb. 13: **Fortsetzung**

Dies führte auf den Begriff der Agency-Kosten, die sowohl im Standardmodell (Abschnitt 4.3.4) wie auch in der Lenkpreismodellierung (4.9) als Differenz der maximalen Zielfunktionswerte in der First-best- und Second-best-Situation bestimmt wurden. Im Lenkpreismodell ermöglichte die Verrechnungspreisstruktur zudem eine Abschätzung der Agency-Kosten.

Aussagen zu den Verrechnungspreisen Ziel des vorliegenden Kapitels war es eine asymmetrische Informationsverteilung zwischen Unternehmens- und Stellenleitung in das Grundmodells von *Hellwig* [1989] zu integrieren und einen „Lenkpreiszugang" zum Gleichungsverfahren im Hinblick auf Risikoallokation und Anreizproblematik zu untersuchen. Neben der Verteilung der Rohstoffkosten entsprechend den vorherrschenden innerbetrieblichen Leistungsverflechtungen kam als neuer Aspekt die Verrechnung der Vertragskosten hinzu. Der Einfluß von Risikoallokation und Anreizproblematik wurde in den (Referenz-)Situationen Risikoallokations-, First-best- und Second-best-Situation untersucht.

In jeder dieser drei (Referenz-)Situationen konnte die erhaltene Charakterisierung der Verrechnungspreise über eine entsprechende Leistungsbilanz wie folgt interpretiert werden: Die Gesamtstellenleistung x_i soll mit dem Verrechnungspreis u_i so bewertet werden, daß der Wert der Leistungen gerade den variablen Kosten entspricht.

Dem Wert der Gesamtstellenleistungen $u_i x_i$ stehen zum einen Kosten durch Inanspruchnahme von Leistungen anderer Stellen - bewertet mit dem jeweiligen Verrechnungspreis - in Höhe von

$$\sum_{j=1}^{n} a_{ji}(d_i) u_j x_i$$

gegenüber. Hinzu kommen bei den Beschaffungsstellen die Rohstoffkosten $(\mu - a_i)x_i$, die von der Unternehmensleitung risikoneutral mit dem Erwartungswert μ_i bewertet werden. Weiter entstehen variable Kosten bei der Vertragsgestaltung in Höhe von $c_i a_i x_i + s_i \alpha_i \sigma_i x_i$. Insgesamt ergibt sich folgende Leistungsbilanz

$$u_i x_i = \sum_{j=1}^{n} a_{ji}(d_i) u_j x_i + \mu_i x_i + (c_i - 1) a_i x_i + s_i \alpha_i \sigma_i x_i,$$

die der Leistungbilanz aus Unterabschnitt 2.5.2 ähnelt.

Die gewonnene Verrechnungspreisstruktur besagt nun, daß die endogen zu bestimmenden Variablen so gewählt werden sollen, daß die Stückkosten minimal werden. In der Risikoallokationssituation (4.6) entspricht dies der Intensität d_i und dem risikoabhängigen Anteil s_i. Zusätzlich kommt in der First-best-Situation (4.7) die Wahl der Aktion a_i durch die Stellenleitung hinzu, die die Unternehmensleitung aufgrund der Informationsymmetrie vollständig beobachten und daher festlegen kann. In der Second-best-Situation (4.8) ist es der Unternehmensleitung aufgrund von Informationsasymmetrien nicht möglich, die Aktion der Stellenleitung zu beobachten. Als Folge entstehen Anreizprobleme zwischen Unternehmens- und Stellenleitung. Dies muß in der Verrechnungspreisstruktur bei der stückkostenminimalen Wahl der Aktion - entsprechend der Anreizbedingung - berücksichtigt werden.

Aussagen zur Verrechnungspreisbildung in der

- Risikoallokationssituation
  (vgl. Satz 4.6.2)

$$u_i = \min_{\substack{s_i \in S_i \\ d_i \in D_i}} \left[\sum_{j=1}^{n} a_{ji}(d_i) u_j + \mu_i + (c_i - 1)\bar{a}_i + s_i \alpha_i \sigma_i \right], \; i = 1, \ldots, m$$

$$u_i = \min_{d_i \in D_i} \left[\sum_{j=1}^{n} a_{ji}(d_i) u_j \right], \; i = m+1, \ldots, n$$

- First-best-Situation
  (vgl. Satz 4.7.1)

$$u_i = \min_{\substack{a_i \in A_i \\ s_i \in S_i \\ d_i \in D_i}} \left[\sum_{j=1}^{n} a_{ji}(d_i) u_j + \mu_i + (c_i - 1) a_i + s_i \alpha_i \sigma_i \right], \; i = 1, \ldots, m$$

$$u_i = \min_{d_i \in D_i} \left[\sum_{j=1}^{n} a_{ji}(d_i) u_j \right], \; i = m+1, \ldots, n$$

- Second-best-Situation
  (vgl. Satz 4.8.2)

$$u_i = \min_{\substack{a_i \in \arg\max\{\cdot\} \\ s_i \in S_i \\ d_i \in D_i}} \left[\sum_{j=1}^{n} a_{ji}(d_i) u_j + \mu_i + (c_i - 1) a_i + s_i \alpha_i \sigma_i \right], \; i = 1, \ldots, m$$

$$u_i = \min_{d_i \in D_i} \left[\sum_{j=1}^{n} a_{ji}(d_i) u_j \right], \; i = m+1, \ldots, n$$

Abb. 14: Verrechnungspreisbildung in den (Referenz-)Situationen Risikoallokations-, First-best- und Second-best-Situation

Kritik und Ausblick

In der untersuchten Modellierung zur Verrechnungspreisbildung wurden lineare Entlohnungsfunktionen $L_i(\cdot)$ unterstellt, die aufgrund ihrer Einfachheit in der Praxis, insbesondere bei Erfolgsbeteiligungsverträgen, häufig anzutreffen sind (vgl. *Rees* [1985b, S. 84]). Eine weitere Rechtfertigung linearer Bezahlungsfunktionen findet sich in *Pfingsten* [1995], der ausgehend von plausiblen Anforderungen an die Ergebnisverteilung zeigt, daß „faire" Bezahlungsfunktionen linear sein müssen.[29] Allerdings kann eine Einschränkung der Belohnungsschemata auf die Klasse der linaren Funktionen dazu führen, daß es nicht-lineare Entlohnungsfunktionen gibt, die zu besseren Ergebnissen führen. Im LEN-Modell von *Spremann* [1987, 1988], das ebenfalls lineare Bezahlungsfunktionen voraussetzt, führte dies zur Frage, unter welchen Bedingungen diese Voraussetzung dennoch optimal ist (vgl. hierzu *Holmström/Milgrom* [1987], *Breuer* [1993] und *Wagenhofer/Ewert* [1993a, 1993b]).

Das Entscheidungsverhalten der Stellen wurde mit dem Präferenzfunktional $v_i(\cdot)$ beschrieben, das analog zum MH-Ansatz separabel in den Komponenten Entlohnung und Aktion ist.[30] Die letztere, das Arbeitsleid der Stellen beschreibende, Komponente wurde durch eine multiplikative Nutzenfunktion beschrieben, deren Eigenschaften bekannt sind.[31] Die unsichere Entlohnung $L(\cdot)$ wurde durch das klassische Entscheidungskriterium des Erwartungswert-Standardabweichungskriteriums (ESK) bewertet, welches im folgenden untersucht wird.

Das Erwartungswert-Standardabweichungskriterium In der Literatur sind eine Reihe von Entscheidungsprinzipien für den Risikofall entwickelt worden. Darunter auch die klassischen Entscheidungsprinzipien, zu denen das (μ, σ)-Prinzip zu rechnen ist: Man sagt, ein Individuum richtet sich nach dem (μ, σ)-Prinzip, wenn es eine Präferenzfunktion Φ in Erwartungswert μ und Standardabweichung σ gibt, so daß die Entscheidung, die den größten Funktionswert $\Phi(\mu, \sigma)$ liefert, allen anderen Entscheidungen vorgezogen wird. Ein gleicher Funktionswert bedeutet hierbei Indifferenz. Die folgende Liste nach *Schneeweiß* [1968, S. 181] zeigt eine Auswahl oftmals diskutierter Entschei-

---

[29]Das Prinzipal-Agenten-Problem stellt mathematisch ein nicht-kooperatives Zweipersonenspiel, während das Ergebnis von *Pfingsten* ein kooperatives Mehrpersonenspiel darstellt (vgl. *Pfingsten* [1995, S. 525 f.]).

[30]Zur Separabilität von Risikonutzenfunktionen vergleiche etwa *Fishburn* [1965, 1974] und *La Valle* [1978].

[31]Vgl. etwa *Varian* [1989, S. 54].

dungskriterien

$$\begin{array}{ll} \mu - \alpha\sigma & \big(\mu - \alpha\big)/\sigma \\ \mu - \alpha\sigma^2 & \mu/\sqrt{1+\alpha\sigma^2} \\ \mu - \alpha\big(\mu^2 + \sigma^2\big) & \mu/\big(1 + \alpha\sigma\big). \end{array}$$

In der Literatur wurde oftmals diskutiert, ob und unter welchen Bedingungen die klassischen Entscheidungskriterien mit dem *Bernoulliprinzip* kompatibel sind. Das Erwartungswert-Standardabweichungskriterium

$$\Phi(\mu, \sigma) = \mu - \alpha\sigma$$

ist allgemein nicht kompatibel mit dem Bernoulliprinzip. Auch bei Einschränkung der Verteilung der Ergebnisse auf die Klasse der Normalverteilungen, die eindeutig durch die Parameter (μ, σ) festgelegt ist, ist das ESK nicht kompatibel mit dem Bernoulliprinzip (vgl. *Schneeweiß* [1967, S. 148 f.]).

Jedoch erfüllt das Erwartungswert-Standardabweichungskriterium das Axiom der Vollständigkeit der Ordnungsrelation[32] und das Axiom der Stetigkeit.[33] Aus beiden Axiomen folgt sofort die Existenz einer reellwertigen, stetigen Präferenzfunktion $V : \mathcal{L} \rightarrow \mathbb{R}$, für die

$$L_1 \succeq L_2 \iff V(L_1) \geq V(L_2)$$

gilt. Dabei ist $\mathcal{L}$ die Menge aller zulässigen Lotterien.

Demzufolge scheitert die Kompatibilität zwischen ESK und Bernoulliprinzip an dem letzten der drei Axiome - dem Unabhängigkeitsaxiom - das der Präferenzfunktion $V(\cdot)$ eine lineare Struktur in den Wahrscheinlichkeiten gibt. Dieses sehr häufig kritisierte Axiom[34] stellt einen Ausgangspunkt neuerer Entwicklungen dar, die versuchen, dieses Axiom abzuschwächen oder durch andere zu ersetzen (vgl. etwa *Weber/Camerer* [1987]).[35]

---

[32] Das ESK bildet in den angeordneten Körper der reellen Zahlen ab.

[33] Die Behauptung folgt mit dem Zwischenwertsatz.

[34] Vgl. das Allais-Paradoxon (*Allais* [1953]).

[35] Als Beispiel sei hier die Prospect Theorie von *Kahnemann/Tversky* [1979] genannt, die von einer separablen Präferenzfunktion der Form $V(\cdot) = \sum h(\pi_i)u(x_i)$ ausgeht, wobei die Wahrscheinlichkeiten gewichtet werden.

Ausblick

Weitere Ergebnisse - wie etwa Berechnung, Abschätzung von Verrechnungspreisen - können problemlos auf das Lenkpreismodell übertragen werden. Eine Annahme über Rahmenbedingungen der Kooperation zwischen den Parteien im Standard- bzw. LEN-Modell war, daß der Prinzipal den Output kostenlos beobachten kann, sonst aber keine weiteren Informationen über das Verhalten des Agenten hat. Oftmals wird allerdings davon ausgegangen, daß der Prinzipal weitere, wenn auch unvollständige, Informationen über das Verhalten des Agenten besitzt.

Damit verbunden ist die Frage, ob durch Berücksichtigung zusätzlicher Informationen über das Verhalten des Agenten, die unvollständig ist und bzw. oder deren Beschaffung Kosten verursacht, eine Verbesserung der Wohlfahrtssituation der Parteien möglich ist. Wenn ja, in welcher Weise die zusätzliche Information in den Vertrag eingehen soll.

Diese Frage wurde für das Standardmodell von *Harris/Raviv* [1979], *Holmström* [1979], *Shavell* [1979] und für das LEN-Modell von *Spremann* [1987] und *Blickle-Liebersbach* [1989] untersucht. Diese Untersuchungen lassen sich unter folgenden Annahmen analog auf das Lenkpreismodell übertragen: Die Unternehmensleitung kann die Aktionen a_i der einzelnen Stellen nicht beobachten; allerdings stehen ihr weitere Informationen zur Verfügung, die von den einzelnen Aktion a_i und von einem Umweltzustand ϵ abhängen. Diese Informationen werden analog zum LEN-Modell (vgl. *Spremann* [1987, S. 27]) durch Zufallsvariable M_i mit additiver Struktur beschrieben

$$M_i = a_i + \epsilon_i, \quad i = 1, \ldots, m,$$

mit $E[\epsilon_i] = 0$, $VAR[\epsilon_i] = \sigma^2_{Mi}$ und $COV[k_i(\omega), \epsilon_i] = 0 \; \forall i = 1, \ldots, m$. Die Bezahlung der Beschaffungsstellen hängt von diesen zusätzlichen Informationen ab. Bezeichnet t_i den davon abhängigen Anteil, so ergibt sich für die i-te

Stelle folgendes Entlohnungsschema[36]

$$L_i(r_i, s_i, t_i) = s_i\Big(K_i - k_i(a_i, \omega)\Big)x_i + t_i M_i x_i + r_i.$$

Ohne die zusätzliche Information ($M_i = 0$) handelt es sich um das aus den vorhergegangenen Abschnitten bekannte Entlohnungsschema.

[36] ***Spremann*** [1987, S. 27] verwendet ebenfalls ein in der zusätzlichen Information lineares Bezahlungsschema.

Kapitel 5

Schlußbetrachtung

5.1 Zusammenfassung

Die vorliegende Arbeit beschäftigte sich mit der innerbetrieblichen Verrechnungspreisbildung bei dezentralen Entscheidungsstrukturen. Ausgangspunkt war ein auf *Hellwig* [1989] zurückgehendes Lenkpreismodell zur Koordination dezentraler Produktions- und Absatzentscheidungen unter Berücksichtigung intensitätsmäßiger Anpassungsmaßnahmen. Den Kern der Hellwigschen Arbeit bildete eine Charakterisierung von Verrechnungspreisen durch ein „erweitertes Gleichungsverfahren". Dies ermöglichte eine interessante Verbindung zwischen theoretischer Verrechnungspreisbildung, basierend auf dem Konzept der dualen Dekomposition und den für die Praxis relevanten Verfahren der innerbetrieblichen Leistungverrechnung. Untersuchungsziel der vorliegenden Arbeit war eine Dynamisierung der Hellwigschen Arbeit sowie die Einbeziehung einer asymmetrischen Informationsverteilung zwischen der Unternehmensleitung und der Stellenleitung.

Nach einer Einführung in die Problemstellung in *Kapitel* 1 erfolgte in *Kapitel* 2 eine Darstellung des Grundmodells von *Hellwig* [1989] und des für weitere Untersuchungen benötigten Konzepts der dualen Dekomposition. Auf dieser Grundlage konnte in *Kapitel* 3 das statische Grundmodell durch die zusätzliche Berücksichtigung der Lagerhaltung dynamisiert werden. Dabei zeigte sich, daß eine Zurückführung des dynamischen auf den statischen Fall durch die Einführung entsprechender Zustandsvariablen für die Lagerhaltung zu unzulässigen Lösungen führen kann. Zur Lösung dieser Problematik wurden Beschaffungs- bzw. Produktionsstellen mit den entsprechenden Lagerhaltungsstellen zusammengefaßt. Dies ermöglichte eine Charakterisierung geeigneter Verrechnungspreise durch ein „dynamisches Gleichungsverfahren". Aufgrund der Stellenzusammenfassung sind im Gegensatz zum statischen Fall gewisse Konvexitätseigenschaften nicht erfüllt, so daß ein Existenznachweis geeigneter Verrechnungspreise auf eine andere Weise erfolgte. Daneben stand die Berechnung von Verrechnungspreisen im Mittelpunkt der Untersuchungen. Für einfach-zusammenhängende Produktionsstrukturen erfolgte diese über eine einfache rekursive Berechnung mit einem „dynamischen Stufenleiterverfahren". Im Fall komplexer Produktionsstrukuren konnten Verrechnungspreise über einen Preisanpassungsprozeß zwischen Unternehmensleitung und Stellenleitung bestimmt werden.

Die Einbeziehung einer asymmetrischen Informationsverteilung zwischen Unternehmens- und Stellenleitung in die Untersuchungen war Gegenstand des *vierten Kapitels.* Dazu wurden in das Lenkpreismodell von *Hellwig* [1989] Komponenten des auf *Spremann* [1987, 1988] zurückgehenden LEN-Modells integriert. Gegenstand der Analysen war der wechselseitige Einfluß von Risikoallokation und Anreizproblematik auf die Verrechnungspreisbildung, der in den verschiedenen (Referenz-)Situationen Risikoallokations-, First-best- und Second-best-Situation untersucht wurde. Dies ermöglichte zum einen jeweils eine Charakterisierung geeigneter Verrechnungspreise, die als Erweiterung des Gleichungsverfahren bezüglich des Aspektes „asymmetrischer Information" interpretiert werden konnte. Zum anderen lieferten die Verrechnungspreise Aussagen über die Vertragsgestaltung zwischen Unternehmensleitung und Stellenleitung, die den grundlegenden Erkenntnissen des Standard- bzw. LEN-Modells aus der Prinzipal-Agenten-Theorie entsprechen (vgl. die Zusammenfassung aus Abschnitt 4.10).

5.2 Ausblick

In den Darstellungen der *Kapitel 2* und *3* zum statischen und dynamischen Fall wurde davon ausgegangen, daß kein externer Markt für Zwischenprodukte (Merkmal 6.1 innerhalb der Klassifikation von *Frese/Glaser* [1980]) existiert. Interessant wäre die Einführung eines externen Marktes für Zwischenprodukte (Merkmale 6.2/6.3) und eine damit verbundene Untersuchung dieses Themenkomplexes, die einen Wirtschaftlichkeitsvergleich für die Entscheidung „Eigenfertigung oder Fremdbezug“ gestatten könnte.[1]

In *Kapitel 4* wurde der Aspekt „Unsicherheit“ bei den Rohstoffkosten berücksichtigt, die abhängig vom Umweltzustand waren. Alternativ hierzu könnte dieser Aspekt über den Produktionsprozeß[2] miteinbezogen werden. Eine Möglichkeit stellt eine von *Bode* [1994] vorgeschlagene Produktionsfunktion vom Typ $\tilde{D}$ dar, die die Produktionsfunktion vom Typ D nach *Kloock* [1969] unter Verwendung der unscharfen Mengenlehre erweitert. Diese Produktionsfunktion erlaubt die Abbildung von Unbestimmheiten bezüglich der Güterarten, wodurch sich speziell Phänomene der Dienstleistungs- und Informationsproduktion abbilden lassen. Untersuchenswert wäre, ob bei Zugrundelegen solch einer Produktionsfunktion die Verrechnungspreise entsprechend mit einem „verallgemeinerten Gleichungsverfahren“ charakterisiert werden können.

[1] Eine Darstellung dieser Untersuchung im Rahmen des *Hirshleifer*-Modells bieten etwa *Laux/Liermann* [1987, S. 401 ff.].

[2] Vgl. etwa *Fandel* [1991b, S. 247 ff.].

Anhang

A.1 Zum Grundmodell

Nachtrag zum Fixpunktsatz von Kakutani

Die Existenz von Lösungen der Verrechnungspreisstruktur erfolgt mit dem Fixpunktsatz von Kakutani. An dieser Stelle werden die dafür benötigten Definitionen und Sätze aus der Funktionalanalysis in Anlehnung an *Border* [1989] - beginnend mit einer Erweiterung des Funktionenbegriffs (vgl. *Border* [1989, S. 54, Def. 11.1]) - kurz vorgestellt.

Definition A.1.1 *Ist A bzw. B eine nichtleere Teilmenge des $\mathbb{R}^n$ bzw. $\mathbb{R}^m$, und ist 2^B die Potenzmenge von B, so nennt man eine Abbildung Φ, bei der jedem Punkt aus A eine nichtleere Teilmenge aus B zugeordnet wird,* Korrespondenz

$$\Phi : A \to 2^B \quad mit \quad \Phi(x) \neq \emptyset \quad \forall x \in A.$$

Besteht die Korrespondenz $\Phi(x)$ für alle $x \in A$ aus genau einem Element, so ist Φ eine Funktion. Weiter kann der Begriff der oberhalb Semistetigkeit bei Korrespondenzen eingeführt werden (vgl. *Border* [1989, S. 55, Def. 11.3]).

Definition A.1.2 *Eine Korrespondenz $\Phi : A \to 2^B$ mit $A \subseteq \mathbb{R}^n$, $B \subseteq \mathbb{R}^m$ kompakt heißt* oberhalb semistetig *im Punkt $\bar{x} \in A$, wenn gilt: Für jede gegen $\bar{x}$ strebende Folge x^q und jeden Punkt $\bar{y} \in \Phi(\bar{x})$ gibt es eine gegen $\bar{y}$ strebende*

Folge y^q mit $y^q \in \Phi(x^q)$. Φ heißt oberhalb semistetig auf A, wenn Φ in jedem Punkt $\bar{x} \in A$ oberhalb semistetig ist.

Die Komposition einer stetigen Funktion und einer oberhalb semistetigen Korrespondenz ist auch wieder oberhalb semistetig (vgl. *Border* [1989, S. 60, Prop. 11.23.a]).

Satz A.1.3 *Sind A, B, C Teilmengen des $\mathbb{R}^{n_1}$, $\mathbb{R}^{n_2}$ und $\mathbb{R}^{n_3}$. Ist $f : A \to B$ eine stetige Funktion auf A und $\Phi : B \to 2^C$ eine oberhalb semistetige Korrespondenz auf B, so ist $\Gamma : A \to 2^C$ mit $\Gamma(x) = \Phi(f(x))$ eine oberhalb semistetige Korrespondenz auf A.*

Ein wichtiges Instrument für den Nachweis, daß eine Korrespondenz oberhalb semistetig ist, liefert der folgende *Satz von Berge* (vgl. *Border* [1989, S. 64, Theo. 12.1]).

Satz A.1.4 *Sind A, B, C Teilmengen des $\mathbb{R}^{n_1}$, $\mathbb{R}^{n_2}$ und $\mathbb{R}^{n_3}$ und sind eine Funktion $f : A \times B \to C$, ein Optimierungsproblem*

$$\max_{y \in B} f(x, y)$$

und folgende dazugehörende Korrespondenz

$$F : A \to 2^B, \qquad F(x) = \left\{ \bar{y} \mid f(x, \bar{y}) \geq f(x, y) \; \forall y \in B \right\}$$

gegeben. Ist B kompakt und f stetig auf $A \times B$, so ist $F(\cdot)$ eine unterhalb semistetige Korrespondenz auf A.

Analog kann der Begriff des Fixpunktes auf Korrespondenzen übertragen werden (vgl. *Border* [1989, S. 8]).

Definition A.1.5 *Ist $\Phi : A \to 2^A$ mit $A \subset \mathbb{R}^n$ eine Korrespondenz. Ein Punkt $\bar{x} \in A$ heißt* Fixpunkt *der Korrespondenz $\Phi(\cdot)$, wenn gilt*

$$\bar{x} \in \Phi(\bar{x}).$$

Der folgende *Fixpunktsatz von Kakutani* besagt, unter welchen (technischen) Voraussetzungen ein Fixpunkt existiert (vgl. *Border* [1989, S. 72, Cor. 15.3]).

Satz A.1.6 *Ist A eine nichtleere, kompakte und konvexe Teilmenge des $\mathbb{R}^n$, $\Phi : A \to 2^A$ eine oberhalb semistetige Korrespondenz sowie $\Phi(x)$ konvex und nichtleer für alle $x \in A$. Dann besitzt Φ einen Fixpunkt $\bar{x} \in A$*

$$\bar{x} \in \Phi(\bar{x}).$$

Nachtrag zum Existenzbeweis einer Lösung der Verrechnungspreisstruktur aus Satz 2.5.1 in Anlehnung an *Hellwig* [1989, S. 527 f.]

Zu zeigen ist, daß die zusammengesetzte Korrespondenz

$$h\big(u(d)\big) \quad : D \to 2^D$$

mit

$$u(d) \quad : D \to U, \qquad u = \quad A(d)^T u + k$$

$$h(u) \quad : U \to 2^D, \qquad h(u) = \quad \left\{\bar{d} \mid A(\bar{d})^T u + k \leq A(d)^T u + k \; \forall d \in D\right\}$$

einen Fixpunkt $d \in h(u(d))$ besitzt. Der Beweis folgt mit dem Fixpunktsatz von Kakutani. Dazu folgende Vorbetrachtungen

Proposition A.1.7 *Unter den Voraussetzungen von Satz* 2.5.1 *ist die Korrespondenz $h(u(d))$ oberhalb semistetig auf D.*

Beweis Da D kompakt und die Funktion $A(d)^T u + k$ stetig auf D ist, ist nach dem *Satz von Berge* A.1.4 die Korrespondenz $h(u)$ oberhalb semistetig auf U. Weiter ist die Funktion $u(d)$ als Komposition stetiger Funktionen stetig auf D. Insgesamt ist damit die zusammengesetzte Korrespondenz $h(u(d))$ nach Satz A.1.3 oberhalb semistetig auf D. □

Proposition A.1.8 *Unter den Voraussetzungen von Satz* 2.5.1, *ist* $h(u(d))$ *nichtleer und konvex für alle* $d \in D$.

Beweis Wegen der Produktivitätsvoraussetzung an die Direktbedarfsmatrix $A(d)$ kann für alle $d \in D$ die Funktion $u(\cdot)$ bestimmt werden. Weiter existieren aufgrund der Stetigkeit der Verbrauchsfunktionen und der Kompaktheit von D stückkostenminimale Intensitäten $\bar{d}$ für alle $u \in U$. Damit ist $h(u(d))$ nichtleer für alle $d \in D$. Die Funktion $A(d)^T u + k$ ist aufgrund der Konvexität der Verbrauchsfunktionen konvex auf D. Minima konvexer Funktionen sind wiederum konvex. Damit ist $h(u)$ für alle $u \in U$ konvex und damit auch $h(u(d))$ für alle $d \in D$. □

Unter den in Satz 2.5.1 gemachten Annahmen existiert ein Fixpunkt $\bar{d} \in D$

$$\bar{d} \in h\Big(u(\bar{d})\Big).$$

Die Existenz folgt nach dem Fixpunktsatz von Kakutani. Die Menge D ist nichtleer, kompakt und konvex. Außerdem ist nach Proposition A.1.7 die zusammengesetzte Korrespondenz $h(u(d))$ oberhalb semistetig auf D. Weiter ist gemäß Proposition A.1.8 $h(u(d))$ nichtleer und konvex für alle Intensitäten $d \in D$. Damit folgt die Existenz mit dem Fixpunktsatz von Kakutani A.1.6.

A.2 Zum dynamischen Fall

Nachtrag zur Darstellung der Lagrangefunktion

Die zu dem Gesamtplanungsproblem $E^{\max}$ gehörende Lagrangefunktion $L(\cdot)$ kann als Summe der Stellenerfolge $EV_i(\cdot)$, $EJ_i(\cdot)$ und $EL_i(\cdot)$ dargestellt werden. Mit $z_i^0 = 0$ $(i = 1, \ldots, n)$ und $k_i^t = y_i^t = 0$ $(i = m+1, \ldots, n,$

$t = 1, \ldots, T$)gilt

$$
\begin{aligned}
& L(y, x, z, d, u) \\
= \\
& \sum_{t=1}^{T} \Big(\sum_{i=1}^{m} e_i^t(y_i^t) - \sum_{i=1}^{m} k_i^t x_i^t - \sum_{i=1}^{n} L_i^t z_i^t \Big) \\
& + \sum_{t=1}^{T} \sum_{i=1}^{n} u_i^t \Big(x_i^t - \sum_{j=1}^{n} a_{ij}^t(d_j^t) x_j^t - z_i^t + z_i^{t-1} - y_i^t \Big) \\
= \\
& \sum_{i=m+1}^{n} \sum_{t=1}^{T} \Big(e_i^t(y_i^t) - u_i^t y_i^t \Big) \\
& \sum_{i=1}^{n} \sum_{t=1}^{T} \Big(u_i^t - \sum_{j=1}^{n} a_{ji}^t(d_i^t) u_j^t - k_i^t \Big) x_i^t \\
& + \sum_{i=1}^{n} \sum_{t=1}^{T} \Big(u_i^t \big(z_i^{t-1} - z_i^t \big) - L_i^t z_i^t \Big) \\
= \\
& \sum_{i=m+1}^{n} EV_i(y_i, u_i) + \sum_{i=1}^{n} EJ_i(x_i, d_i, u_i) + \sum_{i=1}^{n} EL_i(z_i, u_i).
\end{aligned}
$$

Nachtrag zur Umformulierung der Bilanzgleichungen

Mit den in Abschnitt eingeführten Bezeichnungen

$$
\begin{array}{lcll}
w_i^t & := & x_i^t + z_i^{t-1} & i = 1, \ldots, n \quad t = 1, \ldots, T \\
w_i^{T+1} & := & z_i^T & \\
z_i^{t-1} & := & f_i^t w_i^t & i = 1, \ldots, n \quad t = 1, \ldots, T+1 \\
x_i^t & := & (1 - f_i^t) w_i^t & i = 1, \ldots, n \quad t = 1, \ldots, T
\end{array}
$$

können die dynamischen Bilanzgleichungen der offenen Produktion wie folgt umgeformt werden

$$
x_i^t = \begin{cases} \sum_{j=1}^{n} a_{ij}^t(d_j^t) x_j^t + z_i^t - z_i^{t-1}, & i = 1, \ldots, m \\ \sum_{j=1}^{n} a_{ij}^t(d_j^t) x_j^t + z_i^t - z_i^{t-1} + y_i^t, & i = m+1, \ldots, n \end{cases}
$$

$$
x_i^t + z_i^{t-1} = \begin{cases} \sum_{j=1}^{n} a_{ij}^t(d_j^t) \Big(x_j^t + z_j^{t-1} - z_j^{t-1} \Big) + z_i^t, & i = 1, \ldots, m \\ \sum_{j=1}^{n} a_{ij}^t(d_j^t) \Big(x_j^t + z_j^{t-1} - z_j^{t-1} \Big) + z_i^t + y_i^t, & i = m+1, \ldots, n \end{cases}
$$

$$w_i^t = \begin{cases} \sum\limits_{j=1}^{n} a_{ij}^t(d_j^t)\left(1 - f_j^t\right)w_j^t + f_i^{t+1}w_i^{t+1}, & i = 1, \ldots, m \\ \sum\limits_{j=1}^{n} a_{ij}^t(d_j^t)\left(1 - f_j^t\right)w_j^t + f_i^{t+1}w_i^{t+1} + y_i^t, & i = m+1, \ldots, n. \end{cases}$$

Nachtrag zur Zusammenlegung der Beschaffungs- bzw. Produktionsstellen mit den Lagerstellen

Es gelten folgende Umformungen mit $u_i^0 = f_i^1 = L_i^0 = 0$ und $k_i^t = 0$ ($i = m+1, \ldots, n$, $t = 1, \ldots, T$)

$$\begin{aligned}
&\sum_{i=1}^{n} EJ_i(x_i, d_i, u_i) + \sum_{i=1}^{n} EL_i(z_i, u_i) \\
&= \\
&\quad \sum_{i=1}^{n}\sum_{t=1}^{T} \left(u_i^t - \sum_{j=1}^{n} a_{ji}^t(d_i^t)u_j^t - k_i^t\right)x_i^t \\
&+ \sum_{i=1}^{n}\sum_{t=1}^{T} \left(u_i^t\left(z_i^{t-1} - z_i^t\right) - L_i^t z_i^t\right) \\
&= \\
&\quad \sum_{i=1}^{n}\sum_{t=1}^{T} \left(u_i^t - \sum_{j=1}^{n} a_{ji}^t(d_i^t)u_j^t - k_i^t\right)(1 - f_i^t)w_i^t \\
&+ \sum_{i=1}^{n}\sum_{t=1}^{T} \left(u_i^t\left(f_i^t w_i^t - f_i^{t+1}w_i^{t+1}\right) - L_i^t f_i^{t+1}w_i^{t+1}\right) \\
&= \\
&\quad \sum_{i=1}^{n}\sum_{t=1}^{T} \left(u_i^t - \sum_{j=1}^{n} a_{ji}^t(d_i^t)u_j^t - k_i^t\right)(1 - f_i^t)w_i^t + u_i^t f_i^t w_i^t \\
&- \sum_{i=1}^{n}\sum_{t=1}^{T} \left(u_i^t + L_i^t\right) f_i^{t+1}w_i^{t+1} \\
&= \\
&\quad \sum_{i=1}^{n}\sum_{t=1}^{T} \left(u_i^t - \sum_{j=1}^{n} a_{ji}^t(d_i^t)u_j^t - k_i^t\right)(1 - f_i^t)w_i^t + u_i^t f_i^t w_i^t \\
&- \sum_{i=1}^{n}\sum_{t=1}^{T} \left(u_i^{t-1} + L_i^{t-1}\right) f_i^t w_i^t - \left(u_i^T + L_i^T\right) f_i^{T+1}w_i^{T+1} \\
&= \\
&\quad \sum_{i=1}^{n}\sum_{t=1}^{T} \left(u_i^t - \sum_{j=1}^{n} \left(a_{ji}^t(d_i^t)u_j^t - k_i^t\right)(1 - f_i^t) - \left(u_i^{t-1} + L_i^{t-1}\right) f_i^t\right) w_i^t \\
&- \left(u_i^T + L_i^T\right) f_i^{T+1}w_i^{T+1} \\
&= \\
&EG_i(w_i, d_i, f_i, u).
\end{aligned}$$

Ein Beispiel, daß die in Abschnitt 3.6 definierte Funktion

$$u^t(d^t, f^t) := \left(A^t(d^t)^T u^t + k^t\right)\left(1 - f^t\right) + \left(u^{t-1} + L^{t-1}\right) f^t$$

nicht konvex auf $D^t \times F^t$ ist, auch wenn die Matrix $A^t(d^t)$ produktiv für alle $d^t \in D^t$ und konvex auf D^t ist. Folgende Funktion

$$u^t(f^t, d^t) = \begin{bmatrix} 0 & (d_1^t)^2 \\ 0 & 0 \end{bmatrix} \begin{pmatrix} 1 - f_1^t \\ 1 - f_2^t \end{pmatrix} + \begin{pmatrix} 1 \\ 0 \end{pmatrix} \begin{pmatrix} 1 - f_1^t \\ 1 - f_2^t \end{pmatrix} + \begin{pmatrix} 1 \\ 1 \end{pmatrix} \begin{pmatrix} f_1^t \\ f_2^t \end{pmatrix}$$

mit $D_i^t := [0, 1]$ $(i = 1, 2)$ ist gegeben. Die Direktbedarfsmatrix $A^t(d^t)$ ist entsprechend der Voraussetzung konvex und produktiv gewählt. Die Funktion ist - wie folgendes Zahlenbeispiel zeigt - nicht konvex auf $D^t \times [0, 1]^2$

$$u^t\left(\binom{0}{0}; \binom{0}{0}\right) = \binom{1}{0}$$

$$u^t\left(\binom{1}{1}; \binom{1}{1}\right) = \binom{1}{1}$$

$$u^t\left(\binom{0{,}5}{0{,}5}; \binom{0{,}5}{0{,}5}\right) = \binom{1{,}125}{0{,}5} \not\leq 0{,}5\, u^t\left(\binom{0}{0}; \binom{0}{0}\right) + 0{,}5\, u^t\left(\binom{1}{1}; \binom{1}{1}\right) = \binom{1}{0{,}5}.$$

Nachtrag zum Existenzbeweis einer Lösung der Verrechnungspreisstruktur aus Satz 3.5.1

Es wird gezeigt, daß jede modifizierte Struktur V^P $(P = 1, \ldots, 2^n)$ eine Lösung $(\tilde{u}^t, \tilde{d}^t)$ besitzt. In Unterabschnitt 3.6 wurden modifizierte Strukturen auf die Verrechnungspreisstruktur aus Kapitel 2 übertragen. Daher wird zunächst gezeigt, daß die Produktivitätseigenschaft sich ebenfalls überträgt.

Proposition A.2.1 *Ist die Matrix $A^t(d^t)$ für alle Intensitäten $d^t \in D^t$ produktiv, so ist die modifizierte Matrix $\tilde{A}^t(d^t)$ ebenfalls für alle Intensitäten $d^t \in D^t$ produktiv.*

Beweis Für die modifizierten Verbrauchsfunktionen gilt nach Konstruktion

$$a_{ji}^t(d_i^t) \geq \tilde{a}_{ji}^t(d_i^t), \quad d_i^t \in D_i^t, \quad i, j = 1, \ldots, n.$$

Weiter existiert aufgrund der Produktivität für alle Intensitäten $d^t \in D^t$ ein $w^t := w^t(d^t) \in R^n_+$ mit

$$\begin{array}{rcl} w_i^t & (>|\geq) & \sum_{j=1}^{n} a_{ij}^t(d_j^t)w_j^t \\ & \geq & \sum_{j=1}^{n} \tilde{a}_{ij}^t(d_j^t)w_j^t, \end{array}$$

womit die Behauptung folgt. □

Die modifizierten Verbrauchsfunktionen $\tilde{a}_{ji}(d_i^t)$ sind für alle $i, j = 1, \ldots, n$ nach Konstruktion stetig und konvex in D_i^t. Betrachtet wird folgende, aus dem vorangegangenen Kapitel bekannte stetige und konvexe Funktion, die aufgrund der „Produktivitätsübertragung" existiert

$$u^t(d^t) : D^t \to U^t, \qquad u^t(d^t) := \tilde{A}^t(d^t)^T u^t + \tilde{k}^t,$$

wobei U^t die Bildmenge der Funktion $u^t(d^t)$ ist. Weiter wird die Korrespondenz

$$\begin{array}{l} h^t(u^t) : U^t \to 2^{D^t}, \\ h^t(u^t) := \left\{ \bar{d}^t \mid \tilde{A}^t(\bar{d}^t)^T u^t + \tilde{k}^t \leq \tilde{A}^t(d^t)^T u^t + \tilde{k}^t \ \ \forall d^t \in D^t \right\} \end{array}$$

betrachtet. Besitzt die zusammengesetzte Korrespondenz einen Fixpunkt

$$h^t\left(u^t(d^t)\right) : D^t \to 2^{D^t}, \quad \tilde{d}^t \in h^t(u^t(\tilde{d}^t)),$$

so sind $(\tilde{d}^t, u^t(\tilde{d}^t))$ Lösungen von V^P. Die folgenden Propositionen zeigen nun die Existenz eines solchen Fixpunktes und damit die Behauptung.

Proposition A.2.2 *Unter den Voraussetzungen von Satz* 3.5.1 *ist* $h^t(u^t(d^t))$ *nichtleer und konvex für alle* $d^t \in D^t$.

Beweis Wegen der Produktivität von $\tilde{A}^t(d^t)$ für alle Intensitäten kann $u^t(\cdot)$ bestimmt werden. Aufgrund der Stetigkeit der Verbrauchsfunktionen und der Kompaktheit von D^t existieren stückkostenminimale Intensitäten $\bar{d}^t$ für alle $u^t \in U^t$. Damit $h^t(u^t(d^t))$ nichtleer. $A^t(d^t)^T u^t(d^t) + k^t$ ist aufgrund der Konvexität der Verbrauchsfunktionen konvex auf D^t, und Minima konvexer Funktionen sind auch wiederum konvex. Damit ist $h^t(u^t(d^t))$ konvex für alle $d^t \in D^t$. □

Proposition A.2.3 *Unter den Voraussetzungen von Satz* 3.5.1 *ist die Funktion* $h^t(u^t(d^t))$ *oberhalb semistetig (ohss).*

Beweis Da D^t kompakt und die Funktion $A^t(d^t)^T u^t + k^t$ stetig ist, ist nach dem Satz von Berge $A.1.4$ die Korrespondenz $h^t(u^t)$ oberhalb semistetig auf U^t. Weiter ist die Funktion $u^t(d^t)$ auf D^t stetige. Insgesamt ist nach Satz $A.1.3$ die Korrespondenz $h^t(u^t(d^t))$ oberhalb semistetig auf D^t. □

Unter den in Satz 3.5.1 gemachten Annahmen existiert ein Fixpunkt

$$\tilde{d}^t \in h^t\Big(u^t(\tilde{d}^t)\Big).$$

Die Existenz folgt nach dem Fixpunktsatz von Kakutani. Die Menge D^t ist nichtleer, kompakt und konvex. Weiter ist nach Proposition $A.2.2$ $h^t(u^t(d^t))$ nichtleer und konvex für alle Intensitäten $d^t \in D^t$ und die Funktion $h^t(u^t(d^t))$ oberhalb semistetig nach Proposition $A.2.3$. Damit folgt die Existenz nach dem Fixpunktsatz von Kakutani.

Literaturverzeichnis

ABDEL-KHALIK, A. R. und LUSK, E. J. [1974]: Transfer Pricing - A Synthesis. *Accounting Review*, Vol. 49, S. 8-28.

ALBACH, H. [1962]: Produktionsplanung auf der Grundlage technischer Verbrauchsfunktionen. *Arbeitsgemeinschaft für Forschung des Landes Nordrhein-Westfalen, Westdeutscher Verlag*, Heft 105, S. 45-98.

ALBACH, H. [1974]: Innerbetriebliche Lenkpreise als Instrument dezentraler Unternehmensführung. *Zeitschrift für betriebswirtschaftliche Forschung*, Jg. 26, S. 216-242.

ALLAIS, M. [1953]: Le comportement de l'homme rationelle devant le risque: Critique de postulats et axiomes de l'école Américaine. *Econometrica*, Vol. 21, S. 503-546.

AMERSHI, A. H. und CHENG, P. [1990]: Intrafirm Resource Allocation: The Economics of Transfer Pricing and Cost Allocations in Accounting. *Contemporary Accounting Research*, Vol. 7, S. 61-99.

BANKER, R. D. und DATAR, S. M. [1992]: Optimal Transfer Pricing and Postcontract Information. *Contemporary Accounting Research*, Vol. 8, S. 329-352.

BARNEA, A., HAUGEN, R. A. und SENBET, L. W. [1985]: *Agency Problems and Financial Contracting.* Verlag Prentice-Hall.

BAUMOL, W. J. und FABIAN, T. [1964]: Decomposition, Pricing for Decentralization and External Economics. *Management Science*, Vol. 11, S. 1-32.

BAZARAA, M. S. und SHETTY, C. M. [1979]: *Nonlinear Programming.* Verlag Wiley & Sons.

BLICKLE-LIEBERSBACH, M. [1989]: *Agency-Theorie: Rahmenbedingungen und Entlohnung.* Dissertation Universität Ulm.

BLUM, E. und OETTLI, W. [1975]: *Mathematische Optimierung.* Springer-Verlag.

BODE, J. [1994]: Eine unscharfe Produktionsfunktion der Unternehmung: Ansätze zu einer nicht-deterministischen betriebswirtschaftlichen Produktionstheorie. *Zeitschrift für Betriebswirtschaft*, Jg. 64, S. 465-491.

BONIN, J. P. [1978]: On the Manipulation of Transfer Prices in a Static Environment. *Naval Research Logistics Quaterly*, Vol. 25, S. 357-364.

BORCH, K. [1962]: Equilibrium in a Reinsurance Market. *Econometrica*, Vol. 30, S. 424-444.

BORDER, K. [1989]: *Fixed Point Theorems with Applications to Economics and Game Theory.* Cambridge University Press.

BREID, V. [1995]: Aussagefähigkeit agencytheoretischer Ansätze im Hinblick auf die Verhaltenssteuerung von Entscheidungsträgern. *Zeitschrift für betriebswirtschaftliche Forschung*, Jg. 47, S. 821-853.

BREUER, W. [1993]: Linearität und Optimalität in ökonomischen Agency Modellen. *Zeitschrift für Betriebswirtschaft*, Jg. 63, S. 1073-1076.

BUHR, W. [1967]: Dualvariable, Opportunitätskosten und optimale Geltungszahl. *Zeitschrift für Betriebswirtschaft*, Jg. 37, S. 687-708.

COENENBERG, A. G. [1973]: Verrechnungspreise zur Steuerung divionalisierter Unternehmen. *Wirtschaftswissenschaftliches Studium*, Jg. 2, S. 373-382.

DANTZIG, G. B. und WOLFE, P. [1960]: Decomposition Principle for Linear Programs. *Journal of the Operations Research Society of America*, Vol. 8, S. 101-111.

DANTZIG, G. B. und WOLFE, P. [1961]: The Decomposition Algorithm for Linear Programs. *Econometrica*, Vol. 29, S. 767-778.

DINKELBACH, W. [1982]: *Entscheidungsmodelle.* De Gruyter Verlag.

DINKELBACH, W. [1994]: *Erfolgs- und umweltorientierte Produktionstheorie.* Springer-Verlag.

DRUMM, H. J. [1973]: Zu Stand und Problematik der Verrechnungspreisbildung in deutschen Industrieunternehmen. IN: DANERT, G., DRUMM, H. J. und HAX, K. (Hrsg): *Verrechnungspreise.* Zeitschrift für betriebswirtschaftliche Forschung, Sonderheft 2, Westdeutscher Verlag, S. 91-107.

ELSCHEN, R. [1991]: Gegenstand und Anwendungsmöglichkeit der Agency-Theorie. *Zeitschrift für betriebswirtschaftliche Forschung*, Jg. 43, S. 1003-1012.

ELSCHEN, R. [1995]: Methodologische Nostalgie und faustische Theoriekritik. *Die Betriebswirtschaft*, Jg. 55, S. 123-125.

ENZER, H. [1975]: The Static Theory of Transfer Pricing. *Naval Research Logistics Quaterly*, Vol. 22, S. 375-389.

EVERETT, H. [1963]: Generalized Lagrange Multiplier Method for Solving Problems of Optimum Allocation of Resources. *Operations Research*, Vol. 11, S. 399-417.

FANDEL, G. [1991a]: *Produktion I - Produktions- und Kostentheorie.* Springer-Verlag.

FANDEL, G. [1991b]: Bedeutung der ökonomischen Theorie für das betriebswirtschaftliche Gebiet der Produktion. IN: ORDELHEIDE, D., RUDOLPH, B. und BÜSSELMANN, H. (Hrsg.): *Betriebswirtschaftslehre und ökonomische Theorie.* Schäffer-Poeschel Verlag.

FIETEN, R. [1977]: *Die Gestaltung der Koordination betrieblicher Entscheidungssysteme.* Peter Lang Verlag.

FISHBURN, P. [1965]: Independence in Utility Theory with Whole Product Sets. *Operations Research*, Vol. 13, S. 28-45.

FISHBURN, P. [1974]: Von Neumann-Morgenstern Utility Functions on Two Attributes. *Operations Research*, Vol. 22, S. 35-45.

FLEISSNER, P., BÖHME, W., BRAUTZSCH, H., HÖHNE, J., SIASSI, J. und STARK, S. [1993]: *Input-Output-Analyse: Eine Einführung in Theorie und Anwendung.* Springer-Verlag.

FRESE, E. und GLASER, H. [1980]: Verrechnungspreise in Spartenorganisationen. *Die Betriebswirtschaft*, Jg. 40, S. 109-118.

FRESE, E. [1988]: *Grundlagen der Organisation.* 4. Auflage, Gabler Verlag.

FUDENBERG, D. und TIROLE, J. [1993]: *Game Theory.* 2. Auflage, MIT Press.

GALE, D. [1960]: *The Theory of Linear Economic Models.* Verlag McGraw-Hill.

GANTMACHER, F. R. [1970]: *Matrizenrechnung. Band 1: Allgemeine Theorie.* 3. Auflage, Deutscher Verlag der Wissenschaften.

GANTMACHER, F. R. [1971]: *Matrizenrechnung. Band 2: Spezielle Fragen und Anwendungen.* 3. Auflage, Deutscher Verlag der Wissenschaften.

GEOFFRIN, A. M. [1970a]: Elements of Large-Scale Mathematical Programming. Part I: Concepts. *Management Science*, Vol. 16, S. 652-675.

GEOFFRIN, A. M. [1970b]: Elements of Large-Scale Mathematical Programming. Part II: Synthesis of Algorithm and Bibliography. *Management Science*, Vol. 16, S. 676-691.

GÖPFERT, A., BITTNER, L., ELSTER, K.-H., NOŽIČKA, F., PIEHLER, J. und TICHATSCHKE, R. (Hrsg.) [1986]: *Optimierung und optimale Steuerung: Lexikon der Optimierung.* Akademie Verlag.

GOULD, J. R. [1964]: Internal Pricing in Firms when there are Costs of Using an Outside Market. *The Journal of Business*, Vol. 37, S. 61- 67.

GROCHLA, E. [1973]: Der Beitrag Schmalenbachs zur betriebswirtschaftlichen Organisationslehre. *Zeitschrift für betriebswirtschaftliche Forschung*, Jg. 25, S. 555-578.

GROSSMAN, S. J. und HART, O. D. [1983]: An Analysis of the Principal-Agent-Problem. *Econometrica*, Vol. 51, S. 7-45.

GUTENBERG, E. [1975]: *Grundlagen der Betriebswirtschaftslehre. Band 1: Die Produktion.* 22. Auflage, Springer-Verlag.

HARKER, P. T. und PANG, J. [1990]: Finite-Dimensional Variational Inequality and Nonlinear Complementarity Problem: A Survey of Theory, Algorithms and Applications. *Mathematical Programming*, Vol. 48, S. 161-220.

HARRIS, M. und RAVIV, A. [1979]: Optimal Incentive Contracts with Imperfect Information. *Journal of Economic Theory,* Vol. 20, S. 231-259.

HARRIS, M., KRIEBEL, C. H. und RAVIV, A. [1982]: Asymmetric Information, Incentives and Intrafirm Resource Allocation. *Management Science*, Vol. 28, S. 604-620.

HARTMANN-WENDELS, T. [1989]: Principal-Agent-Theorie und asymmetrische Information. *Zeitschrift für Betriebswirtschaft*, Jg. 59, S. 715-734.

HARTMANN-WENDELS, T. [1991]: *Rechnungslegung der Unternehmung und Kapitalmarkt aus informationsökonomischer Sicht.* Physica-Verlag.

HASS, J. E. [1968]: Transfer Pricing in a Decentralized Firm. *Management Science,* Vol. 14, S. 310-331.

HAX, H. [1965]: *Die Koordination von Entscheidungen.* Carl Heymanns Verlag.

HEINEN, E. [1983]: *Betriebswirtschaftliche Kostenlehre.* 6. Auflage, Gabler Verlag.

HELLWIG, K. [1987]: *Bewertung von Ressourcen.* Physica-Verlag.

HELLWIG, K. [1989]: Dezentrale Produktions- und Absatzplanung. *Zeitschrift für Betriebswirtschaft*, Jg. 59, S. 525-530.

HELLWIG, K. [1993]: Verrechnungspreise. IN: CHMIELEWICZ, K. und SCHWEITZER, M. (Hrsg.): *Enzyklopädie der Betriebswirtschaftslehre. Band 3: Handwörterbuch des Rechnungswesens.* 3. Auflage, Schäffer-Poeschel Verlag, Sp. 2055-2063.

HERING, T. [1995]: *Investitionstheorie aus der Sicht des Zinses.* Deutscher Universitäts Verlag.

HIRSHLEIFER, J. [1956]: On the Economics of Transfer-Pricing. *Journal of Business*, Vol. 29, S. 172-184.

HIRSHLEIFER, J. [1957]: Economics of the Divisionalized Firm. *Journal of Business*, Vol. 30, S. 96-108.

HIRSHLEIFER, J. [1964]: Internal Pricing and Decentralized Decisions. IN: BONINI, C. P., JAEDICKE, R. K. und WAGNER, H. M. (Hrsg.): *Management Controls. New Directions in Basic Research.* Verlag McGraw-Hill, S. 27-37.

HOLMSTRÖM, B. [1979]: Moral Hazard and Observability. *Bell Journal of Economics*, Vol. 10, S. 74-91.

HOLMSTRÖM, B. [1982]: Moral Hazard in Teams. *Bell Journal of Economics*, Vol. 13, S. 324-339.

HOLMSTRÖM, B. und MILGROM, P. [1987]: Aggregation and Linearity in the Provision of Intertemporal Incentives. *Econometrica*, Vol. 55, S. 303-328.

HORST, R. [1979]: *Nichtlineare Optimierung.* Carl Hanser Verlag.

ISAC, G. [1992]: *Complementarity Problems.* Springer-Verlag.

JENNERGREN, P. L. [1971]: *Studies in Mathematical Theory of Decentralized Resource-Allocation.* Economic Research Institute Stockholm.

JENNERGREN, P. L. [1972]: Decentralization on the Basis of Price Schedules in Linear Decomposable Resource-Allocation Problems. *Journal of Financial and Quantitative Analysis*, Vol. 7, S. 1407-1417.

JENNERGREN, P. L. [1973]: A Price Schedules Decomposition Algorithm for Linear Programming Problems. *Econometrica*, Vol. 41, S. 965-980.

JENNERGREN, P. L. [1974]: On the Concepts of Coordinability in Hierarchial Systems Theory. *International Journal of System Science*, Vol. 5, S. 493-497.

JENNERGREN, P. L. [1982]: Entscheidungsprozesse und Schummeln in einem Planungsproblem von Hirshleifer: Eine Übersicht. *Zeitschrift für Betriebswirtschaft*, Jg. 52, S. 370-380.

JENSEN, M. C. [1983]: Organization Theory and Methodology. *The Accounting Review*, Vol. 58, S. 319-339.

KAHNEMAN, D. und TVERSKY, A. [1979]: Prospect Theory: An Analysis of Decision under Risk. *Econometrica*, Vol. 47, S. 263-291.

KELLEY, W. G. und PETERSON, A. C. [1991]: *Difference Equations: An Introduction with Applications.* Academic Press.

KIENER, S. [1990]: *Die Principal-Agent-Theorie aus informationsökonomischer Sicht.* Physica-Verlag.

KISTNER, K.-P. und LUHMER, A. [1977]: Die Dualität von Produktionsplanung und Kostenverrechnung bei komplexen Produktionsstrukturen. *Zeitschrift für Betriebswirtschaft*, Jg. 47, S. 767-786.

KISTNER, K.-P. [1981]: *Produktions- und Kostentheorie.* Physica-Verlag.

KISTNER, K.-P. und STEVEN, M. [1989]: Hierarchische Produktionsplanung. *Zeitschrift für Betriebswirtschaft*, Jg. 59, S. 477-503.

KISTNER, K.-P. [1991]: Zeitaspekte in der Produktionstheorie. IN: KISTNER, K.-P. und SCHMIDT, R. (Hrsg.): *Unternehmensdynamik.* Gabler Verlag, S. 135-162.

KISTNER, K.-P. [1993]: *Produktions- und Kostentheorie.* 2. Auflage, Physica-Verlag.

KISTNER, K.-P. und STEVEN, M. [1993]: *Produktionsplanung.* 2. Auflage, Physica-Verlag.

KLOOK, J. [1969]: *Betriebswirtschaftliche Input-Output-Modelle.* Gabler Verlag.

KLOCK, J., SIEBEN, G. und SCHILDBACH, T. [1976]: *Kosten- und Leistungsrechnung.* Verlag Mohr, Werner-Verlag.

KOOPMANS, T. C. [1951]: Efficient Allocation of Resources. *Econonmetrica*, Vol. 19, S. 455-465.

KRELLE, W. [1988]: *Theorie des wirtschaftlichen Wachstums.* Springer-Verlag.

KÜPPER, H. [1979]: Dynamische Produktionsfunktion der Unternehmung auf der Basis des Input-Output-Ansatzes. *Zeitschrift für Betriebswirtschaft*, Jg. 49, S. 93-105.

LASDON, L. S. [1970]: *Optimization Theory for Large Systems.* Verlag McMillan.

LASDON, L. S. [1973]: Decomposition in Resource Allocation. IN: HIMMELBLAU (Hrsg.): *Decomposition of Large-Scale Problems.* Verlag North-Holland, S. 207-234.

LAUX, H. [1988]: *Entscheidungstheorie I.* 2. Auflage, Springer-Verlag.

LAUX, H. und LIERMANN, F. [1990]: *Grundlagen der Organisation.* 2. Auflage, Springer-Verlag.

LAVALLE, I. [1978]: *Fundamentals of Decision Analysis.* Verlag Holt Rinehart and Winston.

LEWIS, T. R. [1980]: Bonuses and Penalties in Incentive Contracting. *Bell Journal of Economics*, Vol. 11, S. 292-301.

MACHINA, J. M. [1987]: Expected Utility Hypothesis. IN: EATWELL, J., MILGATE, M. und NEWMAN, P. (Hrsg): *The New Palgrave: Utility and Probability.* Verlag MacMillan, S. 79-95.

MAY, E. [1991]: *Dynamische Produktionstheorie auf Basis der Aktivitätsanalyse.* Physica-Verlag.

MIRRLEES, J. A. [1974]: Notes on Welfare Economics, Information and Uncertainty. IN: BALCH, M., MCFADDEN, D. und WU, S. (Hrsg): *Essays in Economic Behaviour under Uncertainty.* Verlag North-Holland, S. 243-261.

MIRRLEES, J. A. [1976]: The Optimal Structure of Incentives and Authority within an Organisation. *Bell Journal of Economics*, Vol. 7, S. 105-131.

MIRRLEES, J. A. [1979]: *The Implications of Moral Hazard for Optimal Insurance.* Seminar zu Ehren von Karl Borch, Bergen, Mimeo.

MOSSIN, J. [1968]: Optimal Multiperiod Portfolio Policies. *Journal of Business*, Vol. 41, S. 215-229.

MÜLLER, C. [1995]: Agency-Theorie und Informationsgehalt. *Die Betriebswirtschaft*, Jg. 55, S. 61-76.

MÜLLER, C. [1995]: Mängel, Moden und Modelle. *Die Betriebswirtschaft*, Jg. 55, S. 134-138.

MYERSON, R. B. [1979]: Incentive Compatibility and the Bargaining Problem. *Econometrica*, Vol. 47, S. 61-74.

MYERSON, R. B. [1982]: Optimal Coordination Mechanism in Generalized Principal-Agent Problems. *Journal of Mathematical Economics*, Vol. 10, S. 67-81.

MYERSON, R. B. [1983]: Mechanism Design by an Informed Principal. *Econometrica*, Vol. 51, S. 1767-1797.

MYERSON, R. B. [1990]: Mechanism Design. IN: EATWILL, J., MILGATE, M. und NEWMAN, P. (Hrsg.): *The New Palgrave: Allocation, Information and Markets.* Verlag McMillan, S. 191-206.

NEUSS, W [1989]: *Ökonomische Agency-Theorie und Kapitalmarktgleichgewicht.* Gabler Verlag.

PETERSEN, T. [1989]: *Optimale Anreizsysteme.* Gabler Verlag.

PFAFF, D. und LEUZ, C. [1995]: Groves-Schemata - Ein geeignetes Instrument zur Steuerung der Ressourcenallokation in Unternehmen? *Zeitschrift für betriebswirtschaftliche Forschung,* Jg. 47, S. 657-690.

PFINGSTEN, A. [1995]: Lineare Bezahlungsfunktionen. *Zeitschrift für Betriebswirtschaft*, Jg. 65, S. 517-532.

RAIFFA, H. [1973]: *Entscheidungstheorie.* Oldenbourg Verlag.

REES, R. [1985a]: The Theory of Principal and Agent: Part I. *Bulletin of Economic Research*, Vol. 37, S. 3-26.

REES, R. [1985b]: The Theory of Principal and Agent: Part II. *Bulletin of Economic Research*, Vol. 37, S. 75-95.

ROGERSON W. P. [1985]: The First-Order Approach to Principal-Agent Problems. *Econometrica*, Vol. 53, S. 1357-1367.

RONEN, J. und MCKINNEY III., G. [1970]: Transfer Pricing for Divisional Autonomy. *Journal of Accounting Research*, Vol. 8, S. 99-112.

RONEN, J. und BALACHANDRAN, R. [1988]: An Approach to Transfer Pricing under Uncertainty. *Journal of Accounting Research*, Vol. 26, S. 300-314.

ROSS, S. A. [1973]: The Economic Theory of Agency: The Principal's Problem. *American Economic Review*, Vol. 63, S. 134-139.

ROSS, S. A. [1974]: On the Economic Theory of Agency and the Principle of Similarity. IN: BALCH, M., MCFADDEN, D. und WU, S. (Hrsg): *Essays in Economic Behaviour under Uncertainty.* Verlag North-Holland, S. 215-240.

SCARF, H. [1967]: The Approximation of Fixed Points of a Continuous Mapping. *SIAM Journal on Applied Mathematics*, Vol. 15, S. 1328-1347.

SCARF, H. [1973]: *Computation of Economic Equilibria.* Yale University Press.

SCHIERENBECK, H. [1981]: Innerbetriebliche Leistungsverrechnung. IN: KOSIOL, E. (Hrsg.): *Enzyklopädie der Betriebswirtschaftslehre. Band 3: Handwörterbuch des Rechnungswesens.* 2. Auflage, Schäffer-Poeschel Verlag, Sp. 1148-1156.

SCHIERENBECK, H. [1993]: Innnerbetriebliche Leistungen. IN: CHMIELEWICZ, K. und SCHWEITZER, M. (Hrsg.): *Enzyklopädie der Betriebswirtschaftslehre. Band 3: Handwörterbuch des Rechnungswesens.* 3. Auflage, Schäffer-Poeschel Verlag, Sp. 910-920.

SCHMALENBACH, E. [1908/1909]: Über Verrechnungspreise: Rede am Geburtstag des Deutschen Kaisers und Königs von Preußen am 27. Januar 1909 in der Halle der Handels-Hochschule zu Köln. *Zeitschrift für handelswissenschaftliche Forschung*, Jg. 3, S. 165-185.

SCHMALENBACH, E. [1947]: *Pretiale Wirtschaftslenkung. Band 1: Die optimale Geltungszahl.* Verlag Dorn.

SCHMALENBACH, E. [1948]: *Pretiale Wirtschaftslenkung. Band 2: Pretiale Lenkung des Betriebes.* Verlag Dorn.

SCHNEEWEISS, H. [1967]: *Entscheidungskriterien bei Risiko.* Springer-Verlag.

SCHNEEWEISS, H. [1968]: Die Unverträglichkeit von (μ, σ)-Prinzip und Dominanzprinzip. *Unternehmensforschung*, Vol. 12, S. 180-184.

SCHULZ, J. [1987]: *Leistungsverflechtung in analytischen Produktionsmodellen.* Schulz-Kirchner Verlag.

SCHUMANN, J. [1968]: *Input-Output-Analyse.* Springer-Verlag.

SHAVELL, S. [1979]: Risk Sharing and Incentives in the Principal and Agent Relationship. *Bell Journal of Economics*, Vol. 10, S. 55-73.

SOLOMONS, D. [1965]: *Divisional Performance. Measurement and Control.* Verlag Irwin.

SPENCE, A. M. und ZECKHAUSER, R. [1971]: Insurance, Information and Individual Action. *American Economic Review*, Vol. 61, S. 380-387.

SPREMANN, K. [1987]: Agent and Principal. IN: BAMBERG, G. und SPREMANN, K. (Hrsg.): *Agency Theory, Information, and Incentives.* Springer-Verlag, S. 3-37.

SPREMANN, K. [1988]: Profit-Sharing Arrangements in a Team and the Cost of Information. *Taiwan Economic Review*, Vol. 16, S. 41-57.

SPREMANN, K. [1995]: Hilft die Agency-Theorie bei der praktischen Gestaltung von Arbeitsbeziehungen? *Die Betriebswirtschaft*, Jg. 55, S. 130-134.

TRAUTMANN, S. [1981]: *Koordination dynamischer Planungssysteme.* Gabler Verlag.

TROSSMANNN, E. [1983]: *Grundlagen einer dynamischen Theorie und Politik der betrieblichen Produktion.* Duncker & Humblot Verlag.

TROSSMANNN, E. [1986]: Betriebliche Bedarfsplanung auf der Grundlage einer dynamischen Produktionstheorie. *Zeitschrift für Betriebswirtschaft*, Jg. 56, S. 827-847.

VARIAN, H. R. [1989]: *Grundzüge der Mikroökonomie.* Oldenbourg Verlag.

WAGENHOFER, A. [1992]: Verrechnungspreise zur Koordination bei Informationsasymmetrie. IN: SPREMANN, K. und ZUR, E. (Hrsg.): *Controlling - Grundlagen, Informationssysteme, Anwendungen.* Gabler Verlag, S. 637-656.

WAGENHOFER, A. und EWERT, R. [1993a]: Linearität und Optimalität in ökonomischen Agency Modellen. *Zeitschrift für Betriebswirtschaft*, Jg. 63, S. 373-391.

WAGENHOFER, A. und EWERT, R. [1993b]: Linearität und Optimalität in ökonomischen Agency Modellen (Erwiderung). *Zeitschrift für Betriebswirtschaft*, Jg. 63, S. 1077-1079.

WEBER, M. und CAMERER, C. [1987]: Recent Developments in Modeling Preferences under Risk. *OR-Spektrum*, Vol. 9, S. 129-151.

WELGE, M. [1975]: *Profit-Center-Organisation: Organisatorische Analyse von Strukturbewertungsproblemen in funktionalen und profit-center-orientierten Organisationen.* Gabler Verlag.

WENZ, E. [1992]: *Kosten- und Leistungsrechnung mit einer Einführung in die Kostentheorie.* Verlag Neue Wirtschafts-Briefe.

WILSON, R. [1968]: The Theory of Syndicates. *Econometrica*, Vol. 36, S. 119-132.

WOHLTMANNN, H. und ROSKI, R. [1985]: Planungsmöglichkeiten in betrieblichen Produktionsstrukturen. *Zeitschrift für Betriebswirtschaft*, Jg. 55, S. 731-752.

GPSR Compliance

The European Union's (EU) General Product Safety Regulation (GPSR) is a set of rules that requires consumer products to be safe and our obligations to ensure this.

If you have any concerns about our products, you can contact us on ProductSafety@springernature.com

In case Publisher is established outside the EU, the EU authorized representative is:

Springer Nature Customer Service Center GmbH
Europaplatz 3
69115 Heidelberg, Germany

Batch number: 10815974

Printed by Printforce, the Netherlands